Herstellung und Verlag : Books on Demand GmbH, Norderstedt
Alle Rechte vorbehalten
ISBN 9783735723956
© Erich Reißig 2014

Die verschollene Ferne

Gedichtjournal 2000-2008

Von Erich Reißig

Altvater

Das Licht fällt aus der Nacht
Und tausend Männer schreien.
Der Vater sieht zum Wetter hin
Die Linde steht am Weiher.
Die Elster huscht von Ast zu Ast
Ein Mönch zieht aus zum Beten.
Drei Mütter taumeln in den Tag
Schauen ihren Söhnen nach.
Ein Leutnant sagt
Es ist vollbracht.
Die Spüle glänzt im Morgenlicht
Verwittert blass im Zimmer.

Tartu

Das blaue Rechteck der Nacht
Im Blick deines Wahns.
Lippen aus Fieber
Und Wangen aus
Bleikristall.
Was soll das?
Fragst du und
Willst doch bloß
Zustimmung hören
Ein Zug
als donnerndes Band
Am grauen Rand
falscher Ferne
Ich gehe
nie wieder
Zur Kirche.
Dort.
Hier.
Eine Schwalbe
Auf
dem Draht
deiner Augen
Im blauen
Rechteck
der Nacht

6.4.00

Everything goes.

Einen Krieg
Wollte er nicht
mehr mitmachen.
Soviel war klar.
Und es schien auch
Zu klappen,
bis dann die Grauhemden
an die Macht kamen
und die erste beste Gelegenheit
beim Schopfe packten.
Da saß er nun.
Nicht fern
In der Türkei,
wo die Völker
aufeinanderschlagen,
sondern mittendrin.
Hier.
Vom Flugplatz
kaum
Fünfzig Kilometer entfernt
Hoben die Bomber ab
Vom schlafenden Land.
Nacht für Nacht
Rauschten sie
An dem vorbei,
was bis dahin
Sterne waren.
Nicht für Chiffren und Zeichen
In einem Cyperspiel.
Zu noch lebenden Menschen
Trugen sie ihre Fracht.
Everything goes.
Alles geht.

1.5.00

Georg Britting

Die grüne Kälte
Deiner Gnade,
mit der du
die Zettel
dem Wasser übergabst.

Woher wusstest
Du,
dass keiner
sie vermisst,
kaum,
dass sie
davongezogen
zum
verschreckten Meer

1.5.00

Lemberg 1

Die heulende Frau
am Fenster
der Mann
mit den traurigen
Augen.

Eine Flasche
auf dem Tisch
Gläser Wodka
Und Orangensaft

Graublau
Der Hügel
hinter
Den Scheiben.

Regen
und
Radiomusik.

Ein Tag
Zieht leise
Zur Nacht.

Einzelne Laute,
die ich
verstehe
eigentlich
die ganze
Geschichte.

10.5.00

Lemberg 2

Die Kids
Ähneln einander
Auf dem blauen
Planeten,

Mit ihren Hosen,
Den Shirts,
Den Rucksäcken,
Die sie geduldig
Schleppen.
Ihren Gesten,
Die sie nicht lernen
Müssen.
Nicht
Leugnen wollen.

In welchen
Krieg
Werden
Sie einst
Einander
Gegenüberstehen,

Nachdem ihre Väter
Schon wieder
Die Welt
Verraten haben

Und die Mütter
Wieder einmal
Und wieder zu viel
Geduld beweisen?

12.5.00

Jaan Kaplinski

Der Dichter
Mit dem streng
Gebundenen
Haar.
Versonnen
Sagt er,
dass er
Erkennen
suche.
Leise,
voller Verwundern
über seine nun
fast 60 Lebensjahre.
Die vielen Wege,
die er ging.
Dinge, die er sah.
Frauen,
denen er begegnete.
Eigentlich
Habe die
Suche jüngst
Erst begonnen.

29.5.00

Viivi Luik

Leise
Verwundert
Trotzig empört
Betrachtet sie
Die Orte
Der Kindheit.
Das Licht
Und den weiten Himmel
Des Nordens.
Leer ist alles.
Leblos in Stich
Gelassen.
Jeder weiß
Vergangenes
Und trägt es
Ihr zu.
Keiner, der
Sie berührt.

6.6.00

Estland

Birken
Am Weg
Zum leeren Haus.
Tote Augen
Über freiem Grün.
Ein Feldsteinsockel
Stützt
Morsches Holz.
Graue
Schindeln klemmen
Im Wind.
Eckig huscht
Eine Elster über den
Traurigen
Hof.

8.6.00

Estland 2

Der ungeheure
Verfall
Im gleichgültig
Verrinnenden
Tag.

Und das Geld
Aus dem Westen.
Die Autos
Von dort,
die Computer,
die Träume
von immerwährender
Zufriedenheit.

Ich gehe im Juli
Nach Spanien.
Arbeiten.
Ein paar Monate.
Ein Jahr
Vielleicht
Für immer

9.6.00

Die Nacht der
Generäle

Mit dem
Blauen Visier
Im schnittigen
Panzer
Auf staubigen Wegen
Am Rande
Der Welt.

Behütet vom Glanz
Ihrer Eitelkeit
Und den stolzen
Gedanken
Der Frauen
Daheim

18.6.00

Vor den Augen
Der Frauen
flanieren die Töchter
über den blass gelben Markt.
Sie sind stolz
Auf die Röcke
Die Blusen
Die Ketten und Reife
Die sie ihnen ließen.
Sie denken an
Die Männer
Und ihren bedenkenlosen
Griff.
Das Glied einer Kette.
Zeit.
Die Qualen am Herd
Der Schlaf
Aufschrecken
So oft in der Nacht
Wie leicht sie
Gehen
Noch voller Traum
und Hoffnung
Wie gelöst ihr
Lachen ist
Auf diesem
Graugelben Platz.
Verstrich
Den Männern
dieser Augenblick.

19.7.00

Wir gehen durch
Diese nachtdunkle Stadt
Am Rande des Winters

Die Nase läuft
Der Fuß schmerzt
von dem Pflaster

Die Kinder laufen und plappern froh,
dass sie einander ein paar Stunden lang
sehen
bevor wieder die Schule
beginnt,
das Studium,
ich Interviews machen werde
Geschichten zu erlauschen
Aus dieser
Dusteren Zeit.

6.1.01 Berlin

Die freche Frage
Welche Familie
Machte mir klar
Dass ich nicht
Der Einzige bin
Der einen Verlust erlitt

7.1.

H-G. H

Nach
so vielen Jahren
Die Stimme
am Telefon.

Schmeichelnd,
freundlich weich
versucht
Er mir eine Aufgabe zu
Übertragen.

Die Freude am einstigen
Raum.
Der Versuch zu fragen
Zerschellt
An der Beharrlichkeit.

Ich rede nicht weiter.
Höre zu.

Ich erkenne deine Stimme nicht.
Du warst schon immer so.
Was liest du denn überhaupt?

So geht es dahin.

Verwundert horche ich
Nach alter Vertrautheit und alter Angst.
Finde sie nicht.
Habe Platz genommen.
Lese Nottebooms
Buch über Berlin und
Die Bilder,
Die andere übersehen.

Es gefällt mir gut.

16.2.01

Wenn die großen
Probleme der Politik
Der Wirtschaft
Und der Philosophie
Ausweglos scheinen
Fällt mir die
Englandreise ein
und
Der wundervoll
Glückliche Satz
Meiner Tochter
Ich bin auf dem Meer.

25.2.01

Durchs Fenster
Der Blick auf den
Leeren Hof.
Hinter den Häusern
Die Stadt.
Hinter den Scheiben
Geschäftigkeit.
Im Radio höre ich
Dass der Verkehr
Sich staut.
Ich kehre zum Tisch
Zurück und
Trinke die Tasse leer.
Nach oben gehen
Zum blauen Licht
Des Tages.

3.5.01

Von den Bergen
Melden sie Schnee.

Stau auf den
Autobahnen.

Bedeckter Himmel.
Samstagsstille in der Stadt.

Die Post bringt
Geld.

Am Stück
ein
Paar Worte.

Vielleicht
Kommen am Abend
Einige Zeilen
hinzu.

Uli K.

Eine weiße Hose
Das weiße Hemd
Bedächtig geht er
In diesen ebenerdigen
Raum.
Eine Matratze
Auf dem Boden.
Ein Vogelkäfig.
Schachteln, Stifte und Messer.
Pinsel auf dem Regal.
Fotoapparate.
Eine Erbswurstlampe.
Sehr schön.
Dean Martins Stimme.
Rau und weich.
Stuhle,
die ich kenne.
Ein Bild auf einer Staffelei.

Verwundert nehme ich wahr,
dass er alt geworden ist.
Immer noch voll von Geschichten,
die ich nicht stoppen kann,
also höre ich zu.

Die Angst vor dem Verstummen.
Damals kannte ich sie nicht.
Wo ist das Wort?
Das Wort ist fort.
Jetzt spiele ich ein Lied
Aus deiner Jugendzeit.
Das hörte ich mal.
Der Gedanke,
dass ich wohl deshalb
all die Cassetten
gekauft und ins Regal gestellt.

Am Morgen bin ich aufgewacht
Nach schwarzem Guinness
Und dachte
Huch Ricarda Huch.

Gegen die Wucht der Tage
Herausgeholt
Aus dem Nichts.

Vielleicht ist es
Tatsächlich
Kein übler Film.

13.5.

C. M.

Der alte Mann
Mit dem Stock
Und dem schmalen Mund.
Die junge Frau
An seiner Seite.
I am the American wife.

Kichernd
zieht er seine Bahn.
Auf alten Spuren
Der Kindheit.
Er ruht ein paar
Stunden
Beschützt und bewacht von ihr
Von der die Kenner und Freunde
einmal sagen werden
Dass sie seine Biografie verfälscht.

Abends trinkt er
Einen Schnaps.
Ich denke ich mache das jetzt
Jeden Tag.
Er bekommt mir.

Dann hält er
Ein Buch vor die müden Augen
Und formuliert
Augenzwinkernd
Einen bösen Satz.

Der alte Dichter.

16.5.01

Du
mit dem
Feuerroten Haar
In der Gasse
Aus Licht.
Scheinwerfer gleiten
Drüben entlang.
Du schüttelst herrisch
Den Kopf.
Aber wir doch nicht.

Ich weiß
draußen lagern Soldaten.
Unbekümmert
an ihre Panzer gelehnt
gleiten ihre Hände sichernd
Zum Gurt.

Dumpfe Trommeln
Hör endlich mal!
Und siehst du es nicht?
Eine Amsel reckt
Ihren Hals aus der Luke
vom Gartenhaus.

Zeig mir die
Ferne,
den Süden,
das Meer.
Nördliche Himmel
Und
Wolken
Aus Wasser und Eis,
Gleich hinter deiner
Straße
Im
Roten Glanz
Deines Haars.

16.5.01

C.M.2

Mit strenger
Spöttischer Miene
Nimmt er den Jungen den Raum,
hält störrisch fest
am Erkannten.

Als ich jung war,
war ich ein Träumer.
Ein rücksichtslos stolzer Rebell.
Ich wusste der Gasse Einhalt gebieten.
Ihr hört ihr anbiedernd zu
Und wundert euch
Belanglos albern
Dass meine Verse
Noch immer
Hell
Erklingen
Und
mein Gang
Aufrecht und stetig
sich fügt
In die weisen Gesetze des Werdens.

Den Augenblick festhalten
Kann ich noch immer
Und dafür sorgen,
Dass ein Wort
Aus der Stille sich löst,
und die Zeit
einstürzen lässt.

Das war mein Ziel
Ist es noch heute.

16.5.01

Bei Leuten
Im fremden Haus.

Zwei Kinder.
Ein Junge.
Ein Mädchen.
Acht und zehn Jahre alt.

Sie wohnen in luftigen hellen Räumen
In der Leichtigkeit ihres Glücks.

Leise trübt
Eifersucht
Glas und Fensterkreuz.

Dann huscht ein Sonnenstrahl
Über den Tisch.

Erinnerung
an Nachmittage
Im Park
An Reisen
Und staunende Augen.

Unendliches Wohlbehagen,
wenn der Abend aufzog.

24.5.01

Die Dinge gehen so

Warm ist es hier
Müde bin ich von der Reise
In Erwartung der nächsten.
Voll Erinnerung
Und Spannung noch.
Diese östliche Metropole
Über die ich soviel gelesen.

Der eigentümliche Alltag
Dieser zwei Welten.
Kaum einer,
der rastet.
Alle hasten dem Notwendigen nach.
Wie auch ich.

29.5.

Bei all meinen Sorgen
Ließ
Ich mir ein Jahr
Schenken.

Sie verschwanden
Nicht ganz,
doch konnte ich nun
zufrieden am Fenster sitzen
das Meer betrachten
das dunkle Ufer
den hellen Wellen
und die weißen Wolken
hoch oben am Firmament

31.5.01

In den alten
Hollywoodfilmen
Kämpfen die
Geschlagenen
Vertriebenen
Und die verzweifelt Liebenden
Um ihren Traum
Von einer anderen Welt.

Sie sitzen
In engen Stuben
Verstopft mit Papier
Whiskey
Und
Schreibmaschinen.

Drohend
Läutet das Telefon
Und verlangt
Bestimmtheit
Für das
Was flüchtig ist.

Für
das Licht
Auf dem Weiß,
das ihre Träume
aus dem Dunkel
aufflackern lässt

4.6.01

Die Nacht der Generäle
Oder
Im Land der Huzulen

Blaugesichtig verstört
Hockt ein Hase auf
Einem Feld.
Masten,
ein Schild neben
Dem Brennnesselbusch.

Nie wieder Krieg
Singt ein Kind, das
Noch nichts weiß.

Ich liebe dich
Stammelt ein Alter.

Durch den Hohlweg
Schlurft die
Bucklige Aljuscha.
Das Brot ist teuer geworden
Flüstert sie
Verschämt.

Kehrt
Heim zu
Ihrem Versteck
Im Wald.

5.6.01

Dreitausend Jahre
Vergangenheit

Soviel Glück
Soviel Leid
Soviel Leben

Die Sonne geht auf,
der Morgen erblüht.

Ein Mann tritt
aus der Hüttentür
geht hinüber zum Stall.

Die Frau trägt den Eimer
zum Brunnen
Dann erklingt das
Lachen von einem Kind
Es wird ein guter Tag.

Rund mit zufriedener Miene
den Sohn auf dem Schoß
Sie hält die Tochter.
Leise erzählt er
Seine Wichtigkeiten vom Tag
Sie hört ihm aufmerksam zu
Verwischt den Schatten
An ihrem Mund.
Sie warten ungeduldig
Bis das Mädchen die Karte bringt
Und die Speisen aufnimmt.

Dann erscheint ein
Jüngeres Paar
Schlank auf Erfolg gestylt
Noch am Anfang des Weges.

Die beiden Herren sprechen schon.
während sie sich noch setzt
und dabei den Bund ihrer
dünnen Strumpfhose
zeigt.
Freundlich redet die Ältere mit ihr.
Über das Wohnen, die Schule, das Leben.
Essen wird aufgetragen.

Der Patriarch reicht den Sohn
Hinüber zur Frau, so dass sie ihn füttert,
Und fängt an zu speisen.
Fein führt der Jüngere die Chips
Mit zierlichen Fingern
zum Mund.
Seine Freundin
teilt ihre Pommes mit dem älteren Kind.
Die Trautheit stört
Nur der Schatten
Und der plärrende
Sohn.

14.6.

Ein leerer Raum
Hoch oben hinter der
schmalen Eisentreppe
Licht, Dielen
ein paar Bücher
ein Bett aus altem Holz
Selbstgebaut.
Eine Kammer voller Bilder
Die Küche

Die schmächtige Frau fragt,
ob ich Kaffee trinken möchte
Meine Antwort
poltert
zur Wand.

Versuche das Gesicht zu
verstehen
während sie ihre Tücher zeigt,
der Sohn mir das Album
mit ihren Arbeiten in die Hand drückt.

Meine einfachen Fragen
und ihre freundlichen Antworten.
Leise.

Einmal vorher
als sie ein Tuch
um den Leib schlang
und
wie ein junges Mädchen sich drehte.

Wie schön sie ist, auf dem
Bild von vor zwanzig Jahren.
Noch immer leuchten die Augen
sind die Bewegungen weich.

Der heftige Einbruch der anderen Gäste.
Der Tisch, der sich füllt mit Tassen und Erdbeerschalen.

Das Verstehen
der beiden Welten
und
die Leichtigkeit
mit der alle es wollen.

Draußen vor dem Fenster
oder auch hinter der fünften Wand
die ungeheuerlich frechen
Schreie der Politik.

Wir leben hier.
Wollen hier leben.
Lasst uns doch endlich.
Was suchen wir denn alle.

Doch nur diesen einen Augenblick Unendlichkeit
der allen zusteht.
Jedem lebenden Wesen.

22.6.

Zuweilen
erfüllen sich Wünsche

und die geträumten,

gedachten Bilder

der Sintflut

nehmen Gestalt

Kamienez Podolsk

und Chotin.

Feuer und Waffenlärm

Stimmen aus alter Zeit

Eben

zieht ein Brautpaar

über den steinernen Platz

hinüber zum Turm

für ein gutes Gelingen

des Glücks.

24.6.

Ganz ferne die Stadt

und die Meinen

Schon drückt Unbehagen.

Das Hotelzimmer taucht auf

der endlose Horizont

auf der Wand

hinter den Straßen.

Die kleine Privatheit im Wageninnern

bietet Schutz

vor Regen

und

vor der Welt

Neugier und Müdigkeit

haften sich an

rasche Blicke auf die Bewohner

aus naher und

ferner Zeit.

25.6

Spielautomaten.
Regenlicht
und
russische Rockmusik.

Müde vom Fahren
und mit
besänftigenden Bildern im Kopf.

Vielleicht ist es die Mitte
des Aufenthalts
vielleicht noch nicht einmal.

Verglichen
mit dem
was dort auf mich wartet
gefällt mir die
sichere Unbehaustheit.

Ihre Einsamkeit ist erträglicher
als in der nördlichen Stadt
wo ich durch die Nacht taumelte
wie die anderen Männer.

26.6..

Dörfer mit Hunden
Zäune,
bunte Hausfassaden
und Fenster
zerfallende Straßen
und nur allmählich erwachendes Land.

Busse
Männer auf Traktoren und in Lieferwagen
Junge Frauen, hübsch angezogen.
Keine Frage
Dass sie wollen, was
Die Welt von ihnen erwartet.

Auf der Dorfstraße
Bewachen Gänse und Enten
Zischend die junge Brut.

Ein Mädchen auf einer Bank
Zwischen wuchernden Büschen.
hält ein Buch
auf dem Schoß
Und schaut
Ab und an
staunend
zum grünen Teich.

28.6.

Der Abend
schickt
Schatten ins Land.

Die Alte bindet ihre Ziege
Vom Pflock
Für den halben
Liter Milch.

An ihr vorbei
Ziehen Hirten mit
Ihrer Herde.

Drüben sind andere
Noch immer auf dem Feld.

Die Wucht
Der blauen Bilder
Lässt sie noch sein.

Eine Zeitlang
Zumindest.

28.6.

Reiterheere Burgen Schlachten

Mönche, die beten und
Bauern, die Hab und Gut in
Stich lassen müssen.
Das bisschen Leben zu retten.

Ein mächtiger Strom
Zwischen Felsen und Wald
Mit steil zum Wasser fallenden
Weiden, Feldern und Zäunen.

Frühjahr und Herbst
Gehen vorbei.
Es lastet der Winter.

Schmal steigt der Weg
Zur hoch aufragenden Kathedrale.

Wir flehen um
Gnade um Brot.
Herr vergib uns die Sünden.

An die Säule gelehnt
düster ein Mann.

Vorne, erhöht
Sitzen die Herren.
Prächtig gekleidet ihnen zur Seite
die Damen.

Herrisch peitscht der
Kutscher die Rappen.
hinüber zum Gut.

Vor der Mauer,
die andern,
halten die Mützen
fest in der Hand.

Auf ihren Gesichtern,
am Gange ist zu ahnen,
dass sie nicht alles
ewig erdulden.

29.6.

Der alte Mann mit dem Hut
den vielen Büchern
in Schränke verpackt.

Stolz schaltet selbst den Farbfernseher ein.
Zeigt die vielen Programme.
Er liebt den Musikkanal.
Seitdem das Lesen ihm die Augen ermatten ließ.

Draußen, der lang gezogene Garten
Jemand müsste sich darum kümmern.
Die verwitterte Front von dem Haus aus Holz
In dem er die Jahre verbrachte
Bis ihm die Frau verstarb.
Voranging auf diesem Weg.

Einmal als er Lotterieglück hatte
Kaufte er Bücher ein
Und gestand alles der Frau
nachdem die Summe zerronnen war.

Langsam setzt er die Worte
Ungewohnt
Weil er selten noch jemanden
Zum Sprechen hat
Do Sibir sind jene
Die ich verstehe.

Nahe liegt diesem Land Vergangenheit
Von der er froh
Etwas preisgeben kann.

30.6.

Lancut

Auf dem Platz am Schloss
Von diesem Herrn
Aus Saragossa
Der ganz wunderliche
Geschichten erfand.

Einer seiner Nachfahren
Ließ den Kram zusammenpacken
Und güterwagenvoll
Aus dem gequälten Land schaffen
Den sicheren Bergen zu.

Damals
als alles unterging
Wie er dachte.

Der eine hat sich unsterblich gemacht,
der andere hinterließ
faulen Geruch von Verrat
und Gleichgültigkeit.

Stille am Morgen
Sonntag
Rollläden werden
Hochgezogen. Kirchenglocken,
Kaffee und die Bänder,
Die abzuschreiben sind.

Morgen beginnt die Reise
In dieses ferne Land
Bilder suchen, Menschen
Die leere Tasche liegt
Noch in der Ecke

Ob dort oder hier.
Heimatlos.

Der Ort ist die Welt
Heimat sind die Leute
Die ich kenne.

23.7.

Wolken, Felder
Fliegende Büsche
Kühe, die saufen im See.
Wann wird es wieder
So ein Tag oder
Auch eine Nacht
In der Bar vom Hotel
Nach dem Film vom vergangenen Jahr.
Aus ganz anderer Zeit
Kamen die Bilder
Zurück in die Wirklichkeit von heute
In der wir
Die neuen aufspüren
Für eine neue
Vergangenheit.

28.7.

Schweigendes Land
Regen, Gewitter und Sturm
Leute, die auf
Märkten sich ducken
Kinder schaukeln an grellbunten Luftballons.

Ich will mit dir fliegen
Sehe die Sterne nicht mehr
Hinter dem Kranz fremder Felder
Neben dem Weidenzaun.

Ein vergessener Alter
Schiebt Klee auf dem Rad
Zum windschiefen Stall.
An ihm vorbei
Prasselt ein blauschwarzer Daimler
Mit Scheiben aus
Panzerglas
Zur marmornen Halle seiner
Träume aus Stein.

Ich will mit dir fliegen
Sehe die Sterne nicht mehr
Hinter dem Kranz fremder Felder
Neben dem Weidenzaun.

Manchmal möchte ich meinen
Dass ich Lachen hör oder Flüstern
Leise, verzagt.
Schauspielermasken zeigen
weit leuchtende Augen
Bärte und Gesten
dem atemlos lauschenden Raum.

Ich will mit dir fliegen
Sehe die Sterne nicht mehr
Hinter dem Kranz fremder Felder
Neben dem Weidenzaun.

Mit ganz unwirklichen Gedanken
Reise ich durch dieses Land
Durch Morgen und Gestern
Der Sonne hinterher
Gegen Mitternacht
Hör ich Balladen
Betrachte Gesichter
Schaue dunklen Wolken nach.

Ich will mit dir fliegen
Sehe die Sterne nicht mehr
Hinter dem Kranz fremder Felder
Neben dem Weidenzaun.

28.7.

Rauch über den Stoppeln
Sie brennen
Zerstören unser Land
Nehmen uns die Weiber
Das Brot

Mit leeren Augenhöhlen
und zerschnittener Haut
dulden die Alten
das Wüten der Jungen

Der Priester kriecht aus
Der Asche seiner Kirche
Und stochert nach dem Kreuz
Mit flatternden Fingern

Herr gib uns die Hoffnung zurück
Den sich wölbenden Leib

Ein Köter fletscht seine Zähne
Und schnappt nach der Hand

Auf weißem Weg trippelt ein Fohlen
Ein Mädchen tastet sich aus dem Unterholz
Eine Junge hebt seinen Kopf.
Jurij riegelt das Hoftor auf
Das schräg noch am Pfosten hängt

Lauscht dem Hahnenschrei nach.

6.8.

Und Plätze und Straßen
Nachtstimmen
Versuche zu verstehen
Gedanken Gefühle
Worte Musik.
Leben
Traum.
Hier Dort

Wechselnde Orte
Einer oder auch mehr
Zigaretten Bier
Schnaps und
Versuche des Redens

Zukünftige Bilder
Ohne Angst

Ein Schreibtisch Der Computer
Ein Mobiltelephonschrei
aus der Welt der Pflicht

Ab und zu geht einer fort
Kehrt einer zurück.
Geht wieder weg

Rauch zieht hinüber zum Mond
Mädchen, die Blusen tragen
Durch Augenblicke so dicht
In denen das Dunkel zerbricht.

7.8.

K.

Augen, die lachen wollen
Und ganz unwirklich schauen.
Den Mund nach unten gezogen
Hast und Unruhe
Im tiefen Schlaf
Fest zusammengerollt
Noch ganz verschreckt
Von der Welt

Nur einmal eine
Herrische Geste
Als sie eine Zigarette will

Immer wieder der
Fragende, prüfende Blick
Und das Suchen
Nach dem erlösenden Wort

Die Eile dann
Und das Zögern.
Warum redet ihr von der
Nicht von mir
Von uns

Frei geht sie mit,
Fürchtet nichts auf der Welt

12.8.

Die Steine und das Feld
Hinter dem gleißenden Weg
Jahrhundertealte Erfahrung

Sonnenstrahlen brennen
Leuchtende Farben in Blumen hinein
Rings um das Haus

Manchmal zögern die Feinde
Einen Augenblick lang.
Bevor sie zerstören

Manchmal genügt er zur Flucht.
Manchmal hebt er die Hoffnung
Dass diese den Enkeln gelingt.

18.8.

Aber die Augen
Prüfen und forschen
Hände, die ziehen,
sich abwenden wollen.

Die Steppe brennt.
Rauch treibt hinüber zum Fluss.

Ein Mönch hebt den Blick,
die Hand an der Krumme.

Ein Klepper taumelt
Den Sandweg entlang,
Verfolgt von einem
Wüst trunkenen Kutscher.

22.8.

Janus

Daß
er sich mit dem Radio unterhält
Widerspricht, verfolgt
und ab und an kommentiert
Entsetzt mich fast.

Ich versuche zu verstehen
Wo da noch Wirklichkeit ist
Oder ganz abgefahrenes Sein.

Die kalte Hand.
Der Lärm
Die Nähe zur Nacht.
Es sollte sich denken lassen.
Ob es sich leben lässt?

28.8.

Ein Abend in dieser neuen Stadt
Aus dem Trubel des Festes
In dem ich mich verlor
Bis sein Ende nahte.
Das Fortgehen in
Dunkle Räume voller Wahn
Und trotziger Geste.
Geschirr und alte Möbel
In Ordnung gehalten, wenn der Überlebenswille erwacht.
Dort in den Hallen eine behauptete Welt
Hier ein Leben. Kunst
Gegen den Verfall.
Kleine Buschtomaten, Äpfel
Orangensaft. Kaffee auf dem Tisch.
Objekte hängen an der Wand.
Bilder, die mir besser gefallen.
Skizzen auch für Marlis oder Beate.
Der Traum von einer neuen Liebe
Zu dieser Frau aus den Bergen
Deren Mann ihr solche Reisen erlaubt.
Zum zweiten Male hat sie ihn
Nun geheiratet.
Sie trägt teure Kleider und Schuhe
In New York eingekauft.
Wenn sie heimkehrt, dann wartet
Er am Flughafen auf sie.
In vierzehn Tagen
Fährt sie wieder fort.
Ich will nicht so leben
Verstehe diese Freiheit nicht
Die mir keine scheint.
Suche eine andere
Die sich nicht
Zeigen will.
29.8.

Die Steppe brennt
Warum auch nicht
Wenn man sie unter Asphaltstraßen
Zwingen will
Einsperren in Vorstadtzonen
Der Angst

Das wusste ich alles
Ließ es dennoch geschehen
Weil ich manchmal
Nicht glauben will
Was ich weiß

Am samstäglichen Strand
Sieht alles friedfertig aus
Wolken vagabundieren
über Sonnenwasser
Fern von Ithakas Küsten

Barfuß gehen sie noch
Durch windkalten Sand
Kanonenboote wittern
Gleich hinter dem
Ersten Wellenkamm.

31.8.

Draußen im Tag
Bei den gedankenlosen Schatten
Fremder Fragen
Prosecco im Glas
Unter den Blättern der Sonne
Im städtischen Regenlicht.

Im Gesicht
Die Schreibblockade der Menopause.
I hope they get killed
Or surrender.
Es fällt nichts mehr auf.

Harry Potter ist in der Stadt
Und die Sammlung für die Elenden
Läuft gut.
Organisiert
Von jenen, die sie machten
zu dem
Was sie sind.

Zorn bricht
An den Klippen des Paradieses.
Wo auch das Leben verlischt.

Auge für Auge
Zahn für Zahn
Auf der Wallstadt unserer digitalen Empfindsamkeit.

Null Eins Null Eins
Und immer so fort.

20.11.01

Russische Ballade
Aus ganz
Fernen Zeiten

Damals
Preschten Ritter auf einander zu
Während ein Burgfräulein
Aus dem Fenster schaute

Du kamst zu mir
Und sagtest mit
Wilder Beharrlichkeit
Dass du mich liebst

Schnee und Regen
Ergoss sich über
Den Tisch.

Du nahmst
Mich heraus
Aus der Wiederkehr
Fügtest eine neue Niederlage
Hinzu
Verschwinde und geh

So lief ich heim durch die Nacht.

6.12.01

R.M.

Der Mann vor
Den Bergen
In seinem Haus
Aus Glas

Ein Gästebuch
Liegt in der Diele

Oben der mächtige
Tisch aus grobem Holz
An dem er seine Gedichte schreibt
Die Essays und
Kurzen Prosastücke

Um die Wendeltreppe
In kleinen Regalen
Zwischen Blumen und Licht
Ganz wunderlich arrangiert
Die Bücher der Freunde

Draußen unweit
Des Hauses
Der steinerne Bau
Einer Kirche

22.12.

Im Ballkleid
Drehst du dich
selbstvergessen
Und beharrst
Ein Leben lang
Auf diesen Traum
Den keiner
Mit dir teilt

Und doch
Gab es diesen
Augenblick
In deinem Leben

4.1.02

G.H.

Der traurige Abend
Des Dichters
An dem er Verse
Vorlas
Die er vor dreißig
Jahren schon einmal
Schrieb

Viele waren gekommen
Doch jene, die wichtigen
Nicht

So saßen wir am Tisch
Unter blutrotem Wein
Und er zeigte zu dieser
Insel hinüber
Die ihre Ufer
Schürzte

Und unerforscht schön auch
An diesem Ehrentag
Im Unerreichbaren
Blieb

9.4.

This summer was cold
But some cities I have been
Some girls I have met
Drank some glasses of wine
And a glass of Champagne
Had good times and bad
Filled my pockets with dust

This summer was cold
Saw some places to stay
Some girls to relay
Had some glasses of wine
And a glass of Champagne
Keep that girl in my mind
Her face and her soul
Her hair and her eyes

This summer was cold
Found some places to stay
Some girls I have met
Drank some glasses of wine
And a glass of Champagne
Had good times an bad
Filled my pockets with dust
Talked with strangers and friends
Touched some bodies and hands
Went to bars and cafes
Sat beneath shadowing trees
Dreamt of my love
And the home that I lost

That summer was cold
Some girls I have seen
And cities I've been
Drank wine and Champagne
Had good times and bad
What shall I complain?
Fill my pockets with dust.

26.5.02

Russische Ballade

Riga, Warschau, Jurmala
Felsen am tiefschwarzen Meer
Den Blick auf den Boden geheftet
Am Hemd reißt der Wind

Wir fahren Träume zu fangen
Bringen sie heim in die fremde Stadt
Brechen gleich wieder auf

So wenig, das uns hier hält
Das Schwingen von deinem Kleid
Zusammengesteckt aus dem Schatten des Windes
Folgen wir den Wolken ins Blau

An der Ecke die Birke
Drüben ein Tamariskenbaum
Zweige und Blätter
Ein schütteres Blinken im Licht

Memed der Falke und Tamerlan
Waldleute
Streichen vorbei

Tatsächlich gelang es den USA
Von der Kriegsverbrechenverfolgung
Freigestellt zu werden.

So schlachten sie weiter
Im amerikanischen Jahrhundert

Für Freiheit und Gleichheit
Und die Verwirklichung
Des Glücks

Aus naher Ferne
Dein Blick
Über dem tief
Ausgeschnittenen Kleid

Wir wandern
In blauen Hallen
Durch den Riss dieser Nacht

Mit Wortflecken für die Welt
Durch eiskalte Straßen
Die Hände in die Lederjacke vergraben
Den Lichtern der Musiker zu

Verzweifelt gerungene Fäuste
Beim befrackten Tenor
Eine gute Stimme hat er
Klingt es gepresst

Hinüber zum Spanischen Institut
Cervantes
Hinter dem aufgeweichten Platz
Im Saal warten Paare
Die Bühne noch leer
Keine Hand auf meinem Arm

Dann kommen die Musikanten
Und greifen ihre Instrumente
Rücken die Mikrophone zurecht

Drüben im Park
Wo Gottvater sitzt
Fallen die Rhythmen
Auf nasses Grün

Musiknacht München

Der Lauf der Zehnkämpfer

Einzeln
leise
liefen die
Sieger
Stolz

Weit hinter ihnen
Die geschlagenen Zwölf
Verhalten

Das Publikum
erhob
Sich vom Sitz
Drehte sich ihnen zu
Klatschte und rief

Ihr Zug wurde Parade
Zum großen Triumph
Unsterblich sie
Für ein paar Minuten

Vergessen schon jene
Die vor ihnen lagen

8.8.
München Leichtathletik EM

Das Buch über die Liebe
Die Verzweiflung, die Selbstzweifel
Den Stolz
Manchmal vertraute Abfolgen
Von Worten

Die Stimme des Erzählers
Gelassen
Der gesetzte Akzent
In der Musik

Will mich wehren gegen den Sog
Doch zuweilen
Besiegt er mich dann

Noch Stunden danach
Angenehme Gedanken
Von süßer Lust
Und von Liebe.

23.8.
Tekidak

Dieses verstohlene Schauen
In der Stadt aus Licht

In Bewegung scheint alles
Rastlos und laut
weit weg dieser steinerne Ort
und das Land
versunken im Staub
im fliehenden Blau

Die Menschen
zittern dem großen Beben entgegen

Der Mann aus Eisen

Am Strand
Wo Kinder spielen
Tanker kauern
ziehen Kutter vorbei
Fort zu dem anderen Meer

Ich bleibe
Mit den Gedanken
Aus Rauch

Mag sein
Dass alles weit weg ist
Vielleicht auch
Schrecklich nah.

2.9.
Istanbul

Worte und Tage und Nächte
Lärm und Licht
Das schillernde Blau
Gehalten von Tankern
Im Nichts

Wellen und vagabundierende Fischer
Auf der Suche nach
Dem verlorenem Meer
Im Öldieselrausch

Kinder die frech das Denkmal
Umtanzen
Von dem Eisernen
Der seine Seiten umfasst
Auf dem ausladenden Schoß
wo Ameisen Wasser trinken
Und ungezählte Geschichten
Vorüberziehen

Die Zeit handhabbar machen
Gewicht geben dem Leben
Für seinen leichten Lauf
Im Mittagsruf der Minarette

3.9.

Trübgelbes Meer auf
Dem Rücken des rudernden Mannes
Seine lange Reise
Ins Nirgendwo

An die Riemen
pocht der Tod
Tönen Fanfaren
Er will fort
Ankommen in neuer
Vergangenheit

Für die Söhne und Enkel
Zu den bangen Gesten
Der Töchter
Treibt er das Boot

Gegen die harschen
Griffe der Männer

8.9.
Marmara

Kräftig und groß
Verwegen das Barett
Auf dem Haar
Kommst du
Aus der Nacht
Mir entgegen

Stolz zeigst du dich
Bang
Voller Scheu, voller Sehnen
Dein Wissen um den Blick
spornt dich an
Noch kühner zu sein
Genauer und resolut

Halt ein mein Kind
Lege deine Wange
Auf meine Schulter
zeige dein Herz
Ruhe dich aus
Du bist schön
Wie die andern
Verbirg es
nicht

26.9.
Berlin

Die Zärtlichkeit nimmt zu
Ich will sehen, ob mir
Der Kopfstand noch einmal gelingt.
Da ist noch was
Das nicht mehr zu greifen ist
So einfach ist das Alter nicht
Man kann einen Streit
Nicht mehr mit Sex lösen
Osman leidet wie ich

10.10.

Wir liefen durch die kalte Stadt
Den Weg, den wir schon vielmals gingen
Am Hang entlang
Zum Fluss unterhalb des
Gemäuers der Macht
Sie krächzen, zeigen sich frech
Über der breiten Brücke
In die Zimmer hinauf
Wo jetzt Computer stehen
Will ich sie jagen.
Drüben darf man nicht rauchen
Nur im Durchgang
Zum Hof

Ich weiß nicht
Wahnsinnig,
jemand hat mir gesagt
Das Wort sei zu häufig gebraucht
Ich suche ein anderes
Toll, nein wahnsinnig ist besser
Tollwütig fällt mir ein

Er gefällt mir
Der Dichter

Hinter der Mauer brennt Licht
Es gibt Wein, Wasser, Orangensaft
Ein paar Worte und Warten
War da Krakau, Paris, ein Nest in Amerika
Wo man verloren in Hotelzimmern liegt

Wir gehen fort
Lang eine Straße über den Berg
weiter, die Gleise entlang

Ein Dichter kam in die Stadt
Wie die Liebe
Fast unbemerkt.

9.12.

Regen glitt in die Stadt
als die Dichter sich
zum Podium begaben
nicht als Personen
als Repräsentanten
saßen sie dort

ihre Verse fielen
in den Raum
Freundlicher Beifall
Ein paar Worte danach
Unterschriften

In einem Nebenraum
War ein Imbiss gerichtet
Für sie und ein paar
Geladene Gäste
Die bedeutend galten

Die anderen liefen heim
Wie sinnlos
deckte Regen sie zu

6.10.
Goetheforum

Unter den grauen Augen deiner Stadt
Zwischen Nebelbänken
Und Wolken aus Nichtigkeit
Schlenkerte Julie Roberts ihre Hand
Gary Grant schaute
Düster auf zerspringendes Glas

So mag Weihnachten sein
2002

während in der Wüste
oder in diesem überströmenden Land
Männer mit Feuer spielen

In törichter Sehnsucht
Nach Macht

25.12

Die andere Ordnung der Tage
Ohne den Blick auf den Park
Und die Häuser dahinter
Das eine hat deine Mutter gebaut
An der Kreuzung, du weißt schon
Welches ich meine.

Ich versuche mir vorzustellen
Wie du dort lebst
In die Vorlesungen gehst
Mit den anderen sprichst
Mit deinen Freunden und den Dozenten

Deine Schwester steht vor mir
Die einen neuen Weg nun sucht
Ihn wohl auch sieht
Und sich
Schützen will vor meinen Fragen
Sie kämpft gegen Schatten
und gegen die Liebe

Du dort in der anderen Stadt
Vergangener Tage und Fahrten
Spaziergänge am Strand
In den Gassen zwischen Häuserschluchten
Wo ich zum Markt lief
Oder einfach nur durch die Geschäfte

Fotos ließ ich euch machen
Mir die Straßen und Häuser zeigen
Wie ihr sie seht
Es ist nicht so lange her
Dass du mich für diesen Einfall lobtest
Jetzt wohnst du dort
Und mein Blick ist der eines Fremden

Zurückgeworfen bin ich auf die Bilder
In den Alltag hier, der leer ist
Ohne dein Lachen, deine Geschäftigkeit
Wohl selten warst du da
Doch immer vorhanden
Auch wenn nur in Gedanken
Was du so triebst

So geh ich die Träume suchen
Trag sie dir zu mit Worten und Bildern
Bau ein paar Ängste ab
Verscheuch trübe Gedanken
Schick Bücher und Cassetten
Hör deiner Stimme zu
Und freue mich, wenn du hier bist
Dass es ist wie es war.

28.12.

L.

Als du da standest
Am Platz deines Großvaters
Nicht gehen wolltest
Weil du gerade erst kamst
Die Sonne schien
Der Bus brachte die
Übrigen fort
Ich wollte nicht weg von dir
Von deinem großen Herz
Deiner Gestalt in dem
Hübschen Mantel
Den du dir in der
Fremden Stadt gekauft
Wo du nun lebst
Mit Formeln und
Stundenplänen
Und deinem Eifer für
Eine gerechte Welt
So groß ist sie
Mit Sonnenstränden
Und tollen Geschäften
Du willst Wissenschaftlerin werden
Etwas verstehen
Und wenn es auch nur
Für Eingeweihte sei
Ich bin dir dankbar
Für diesen Entschluss
Er sagt mir, dass es sich
Lohnt zu kämpfen
Zu jenen zu gehören
Die die Welt erhalten

10.1.
Bialystok

Die Häuser kauern beieinander
die Menschen laufen weg
O Susanna im Garten
Loretta auf dem Platz
Vor dem Zaun
Über den flüchtige Motoren
Rauchspuren ziehen
Kaffee quillt braun aus Maschinen
Aus schön gearbeitetem Chrom

Ein Blick und ein Handschlag
Ein Lachen
Unter dem zwingenden Stahl
Dieser Stadt
Meine Tochter wohnt dort
Ein Freund
Der mit seinem Radio spricht

Im Zwiebelfisch
Sitzen Poeten und Uli sortiert seine
Worte
Ich höre ihm zu

28.2.

Als die Kinder zum
Zweiten Mal zum Golf getrieben wurden
Um zu töten
Verschwanden die Bilder
Und die Stimmen blieben stumm

Ein Mann geht in
Ein Café
Setzt sich
Zündet sich eine Zigarette an
Das Mobiltelephon
Neben dem Feuerzeug
Bic und Nokia

Ein Poster mit
Humphrey Bogart klebt an der Wand
Grünrote Lichter fallen
Auf sein Gesicht

Eine Frau streift
Leise ihre Bluse
Von ihrer Schulter
Er trinkt
Sie schaut zu ihm
Her.
I love you
I do.

23.3.

Im Waschsalon
Auf den Stufen
So nahe saßen wir lange
Nicht beieinander
Du mit deinen Dingen
Die schief gelaufen
Hektisch geworden waren
Verloren
So dachtest du kurz
Erst später erzähltest du dann
Wie schön es war
Dass deine Freundin sofort kam
Was der Junge da redete in
Dem Computershop
Und dass du noch
Zwei andere getroffen
die ihr Herz
Dir öffneten oder du
Das deine ihnen
Die wunderbare Sehnsucht nach Liebe
Die du in dir trägst
Und erfährst
Später in deinem Zimmer
Leuchtete deine Schönheit
In jeder Ecke und jeder Kleinigkeit
Groß und weich, voll
Strahlendem Glück
Eine Rose kaum erblüht
Doch gewiss ihrer Pracht
Für jene
Die etwas wissen
Soviel und so wenig
Was du glaubst.

26.3.

Mom
sagst du zu deiner Mutter
Weich voller Wissen um ihre Liebe
Wie ihr umeinander werbt
Und euch antreiben wollt
Gewiss
nicht verletzen
Halten den Traum
Den jede doch braucht
Ganz selbstverständlich
Gelingt dieses Glück
Keiner muß darum kämpfen

26.3.

Patrizier, Tataren, Kosaken
Und eine unterirdische Stadt
In der Apotheker saßen
Und ihre Medikamente
Stampften
Weinfässer lagerten
Bauten im Frühlingslicht

Die Alte
Gebückt mit der Tüte
Dem Brot in der Hand.

Der Verkehr ist stärker geworden
Seit dem letzten Besuch
Mag sein
Dass ein paar Farben
Dazugekommen sind

Kein Augenblick der Bedenklichkeit
Könnte wohl leben hier
Wie überall im Raum
Fremder Enge
Der eine der schwankt
Mit glasigem Blick
Mein Aufmerken
Erinnerung
Der Stolz
Auf das Erbe
Den Schatz aller Völker
Die miteinander
Lebten, kämpften und litten.

Sie zerstörten das Pulver der
Anstürmenden Tataren
Mit Wasser

Womit sonst?

Lemberg 28.3.

Ängstlich mein Blick
Auf die hastigen Schlucke

Das ist's, was ich dachte
Und die Laune wird besser
Wohl kenne ich das
Auch wenn ich es nicht weiß

Der Tag und die Nacht
Und der Tag

Noch so lange die Reise
Damit ich etwas
Verstehen kann
Bis das Bedenken
Verfliegt

Auch weil ich es will

28.3.
Lemberg

Die Kirchen, die Gassen
Hochhausfluchten und
Räume zwischen Straße und Grau

Busse und Menschen
Händler und Frauen
Mit Kinderwägen

Am Spielplatz das streitende Kind
So fern ist der Krieg
Der eine und jener
Der leichtfertig
Vom Zaune gebrochen wurde
Wie immer

Kaffee und der Huzulentopf
Die Zigaretten
Worte und Legenden
Aus der Geschichte der Stadt
Die Kaffeebohne und der Sieg
Über die Tataren
Der Mann, der seine
Lieder singt

Lichter, Augen
Gestalten

Wohl ist Lemberg
Noch immer
Rückerts Stadt.

29.3.

Vor den Augen
Der Nacht während dieser Krieg
In der Ferne
Leben auslöscht
Und die Kriegstreiber
Nach humanitärer
Hilfe schreien
Sitz ich in einer Halle
Sehe Leute essen
Und Mädchen warten

In der Ecke schläft ein Mann in seinem Rausch
Draußen rennt
ein anderer
in eine
Straßenbahn

Der Himmel ist
Graublau
Mit einem leichten
Schimmer von Rot

Dort
hinter dem Schornstein
Im Wald
liegt noch Schnee
Auf den Birken.

30.3
Vinnytsa.

Der Hügel des Chassidim in Uman

Auf den schmalen Balken die Pilger
Aus Israel
Die mir von den Palästinensern erzählen
Die nur töten
Voller Hass

Im Raum einer
Der versunken betet
Durch den Vorhang
Ein schmaler Blick
Auf die Grabplatte

Ich trug die Kappe
Auf dem Kopf
Zum ersten Mal
In meinem Leben
Ging nicht hinein
Zu dem heiligen Ort
Wollte nicht stören
Nicht auffallen
Makelbefleckt

Traf jenen, der sagte
Es sei kein Problem
Jeder Ernsthafte dürfe hinein
Ich fragte nach Israel
Und dem Leben dort
Er kam gleich zum Krieg
Ich wagte nur zu sagen
Dass jeder Krieg neue gebäre
Er sprach von dem Verrückten
Der mit zwei Löwen
Spazieren gehe

Ich wollte doch freundlich sein
Spürte die fremde
Die ganz andere Welt

Es bleiben als Zugang die Bücher und
Die Geschichten
Mein Wissen, Sehnen
Auch von jenem, der
Hier begraben liegt
Unter dem Beton
Der Vorstadt
von diesem alten
Auf neue Art lebendigem
Uman.

31.3.

Ich laufe die berühmte Treppe
Hinab und hinauf
Zähle die Stufen nicht
Die Statue von Richelieu
Steht zierlich und schlank
Im Zentrum der Welt
Ich weiß, dass Eisenstein
log
Sehe den Kinderwagen
und am Hafen das neue Hotel
aus
Glas und Beton
Oben
das alte Opernhaus
Daneben das Museum
Mit der großen Mutter
Der Skythen
Ihr ausgewaschenes Gesicht
Die Bäume auf dem Boulevard
Die Passanten
Die Mädchen, die in der
Kälte kauern
Tand anbieten
Ein paar Bilder
Licht

7.4.
Odessa

Die Schleife am Gürtel
Die Bluse
Das Gesicht weich
Und schön
Wie dein Bewegen
Mag sein, dass die
Grippe das Grübeln
Dir nahm
Und Gedanken
Gab für den
Neuen Tag.

11.4.
Vinnytsa

Endlos lang diese Straße
Im Dieselrauch

Zerrissene Bürgersteige
Alte Weiber, die bettelnd
Auf Stöcke sich stützen
Hässlich, alt, wunderschön

Wenige Münzen in der
ausgebleichten Margarineschachtel

Mit hohen Scheinwerfern
Prasselt
Ein Chirokee über
Zerbrochenes Kopfsteinpflaster

Blauweiß die Reklametafel
Von Kiew Star
Dem größten Mobilfunkanbieter
Des Landes

Obst auf dem Boden
Am Haus
Milch in Cola Flaschen

Glänzend die Kuppel
Der Kathedrale
Im Zentrum
Ein Kobsar

Mit kahlem Kosakenschädel
Singt er von
Großer Vergangenheit

11.4.
Lemberg

Unsere Erinnerungen
Sind unterschiedlich geworden

Ich kann dir nun wieder Plätze zeigen
Die ich allein besitze
Und ich weiß
Dass auch du die
Deinen hast

Die Städte sind
Kalt
Die Räume zu Asche zerfallen

Kaum
Dass der Himmel sich wölbt
Unsere Bücher
Liegen nutzlos und stumm

Leise schwang die Tür
Als dein Schatten ging

23.5.

An der Kante der Welt
Spazieren gehen
Über weiße Ebenen
Zwischen glänzenden
Bändern aus Asphalt
Der Wind und
Die Schreie der Vögel
Arbeitende Menschen
Auf einem Feld
Rinderherden und Hirten
In der Stadt ein Café
Mit den Texten
Der frühen Beatles Songs
An der Wand
Tschevtschenko
Betrachtet sein Volk
Mit reglosem
Bronzegesicht
Im Park
Tuschelt ein Paar
Eine Alte zieht
Bettelnd vorbei
Zwischen den Tauben
Verliert sich ihr Schritt.

25.5.

Ganz weit fuhr ich fort
Voller Angst
Ob alles gelingen möge
Mit Schaum
Durch gleißendes Licht
In den Raum
Wo andere saßen
Vor Wänden aus Holz
Es beruhigt die Seele
Der nackte Knabe an der Wand
Ich suchte die Mädchen
Ihren Leib
Endlose Kilometer im Sonnenschein
Kehrte zurück
Dort war es
Wie immer
Alles gelang
Sogar der letzte Tag
Dann verschwand
Der Horizont
Hitze klebte grau
Auf dem Armaturenbrett
Ein Anruf
Ein Wort
Die alten Straßen
Die alte Stadt
Die Angst vor der Reise
Vor der nächsten
Gewiss.

1.6.

Wo liegen die Ängste
Wie lernt man
Den Glauben der Frauen
die Abends betend
Zu den Kruzifixen ziehen

Aus meiner Wüste
und tropischem Tag
Auf dieses wütende Band
Voller Schreie
Nach Leben
Stürz ich in diesen
Kleinen Raum

Die verirrte Gestalt
Meines Ichs
Hier macht sie gefügig Platz
Jenen auf ihrer Bahn.

Im Schlund der Gasse
Durch die der bleiche Mönch
Streicht
Lösen Ziegelsteine sich
Aus dem Mauerwerk
Und
Scheiben zerspringen schrill

Grillparzer lockte mich
In diese Stadt
In den scheuen Schoß ihrer Häuser
Bald ist Mitternacht
Laute und Licht
schaukeln
Über dem Pflaster
Vom Markt
Mit seinem schiefen Rathaus
Ganz in der Mitten

Silbern und grau
schweigt der Fluss
unten im Tal
Am jenseitigen Ufer heulen Tataren und jagen
Auf Rössern zum stummen Gebet
An Hütten vorbei
Und Kreuzen aus Holz

Ein Fischer
Schiebt seinen Kahn die Böschung hinab
Ich halte mich fest
An der Bank
Im zerrissenem Park

Einmal lauf ich mit dir
Durch die Schlucht

Weißt du
Was mit den Dominikanern geschah
Sie sind heimgekehrt
In ihr Haus.

24.6.

Weil ich die Anden
nicht kenn
nicht die Meere im Süden
dein Lachen
im fremden Arm
den Augenschlag
mit dem du andere siehst

eine Amsel singt
auf dem Tamariskenbaum
dort fallen Soldaten
in ihrer Schlacht
und ein Kinderwagen
rutscht eine Treppe hinab
die Mutter steht verloren daneben
betrachtet ihr Kind
das schon vor der Himmelstür steht
vor Hunger erstarrt

1912, 1949, 2003

Die Jahre vergehen
Regen fällt.

6.7.

Vor dem Wind
In den Kiefern
Flüchten
Verstecken
Erfrieren

Ein Tropfen im Blau
Deiner Augen
Böse bewegt sich
Die Hand

Dreitausend Worte
Kennen die Leute
Zu Ermittlung
Ihrer Einsamkeit

7.7.

Die graue Wand
Vor dem Fenster
Mit den wenigen
Schatten aus Grün

Mein Blick geht nach
Sandomierz
Der Stadt auf dem Hügel
Und sucht die Bilder
Zu fassen
Den Markt, die Gassen
Den zerrissenen Park
Das wandernde Licht
Auf den Ziegeln
Der Kathedrale

Ich sehe das Leben dort
Die Hoffnung, die Angst
Und suche Worte
Die alles
Festhalten sollen

23.7.

Bevor die Krähen
Aus ihrem Wasserquartier
In die Stadt heimkehren
Die Tauben erwachen
Autos und Passanten
Über die Straßen hetzen
Wolken und Wind
Sich zu regen beginnen
Erkenne ich meine Stadt
Als meinen Lebensraum

Da mag ich mir vorstellen
Wie alles sei
Was es bedeutet
Hab meinen Platz
Sehe wie die Sonne
Aus dem Dunst auftauchen kann
Den Hauswänden Farbe und Tiefe gibt

Ganz hell wird es
Vor blaugrauem Horizont

Schwarz stehen die Fenster
Im Licht
meines Ichs.

28.7.

Gegen Fünf
War es heute noch dunkel
So neigt sich dieser Sommer
Dem Ende zu
Obgleich auf den Autobahnen
Für die Urlauber die Reise erst beginnt

Schon beim Spazieren gehen gestern
Sahst du den nahenden Herbst
Im Licht der Blätter und Wolken

Wir kaufen Schränke und Betten
Bauen Regale
Planen und räumen
Die Zimmer um
Für unser neues Leben

2.8.

Drei Tage vor der Stadt
graublau der Himmel
am Straßenrand
ein verendeter Gaul

Der Fuhrmann steht
Aufgebracht daneben
Sein Fluch erstickt
Im Lärm der Kutsche
Die eilig vorüberrollt

Auf dem Bock
Ein Zwerg
Mit ellenlanger Peitsche
Im gelben Wams

Straub hängt am Horizont
Hinter dem er verschwand

August

Dabei geht es so leicht
Dieses Spiel
Auch wenn wir vergaßen
Dass wir es beherrschten

Eine Geste, ein Wort
Du gehörst zu uns
Bist verstoßen
Unbarmherzig

Die Gnade nimmt dich wieder
Auf

August nach Akzente

An einem Sommerabend
Ein Wort
Unter einem Kastanienbaum

Fackeln brennen am Zaun
Kerzen auf dem Tisch
Meine Nachbarin knappert
Hühnerschenkel ab
Ihr Begleiter redet so laut
Dass keiner mehr ihn versteht
Da klirrt sie dazwischen

Ein Zug rauscht vorbei
Lenin?

Das wäre fast alles
Wenn der Dax nicht gestiegen wär
Und ein Kind in eine
Straßenbahn gelaufen
Der Fahrer bremste im
Letzten Augenblick

So kehrte es heim.

August

Während ich diese
Grausame Geschichte las
Hörte ich die Worte
Der Theaterleute
Verstand ihren Traum
Trank Kaffee
Schaute auf das Grau
Das Glas und das Grün

Die Türen sind zu
drücken,
Dann schwingen sie auf

Wie in Rom und Athen
Liefen wir hin und her
Dein Gesicht in der Zeit

Ich sehe die Körper
Im Scheinwerferlicht
Heuschreckengleich
Das Tier mit den
Zwei Rücken
Vier Füßen
Zueinander gekehrt

Ich weiß nicht, warum
Es kein Danke
Gab

2.11.

Die Eisblumen auf deinem Gesicht

Der Reif zerbricht
Wenn meine Hand
Dich berührt

in dieser samtenen Zeit
Mit ihren Sehnsüchten
Fällt ein Schein durch die Tür

Ich liebe dich wohl
Liebe mich selbst
Höre den Laut
Verfolge die Melodie

Am Horizont das Glänzen
Der Nacht
In der Stadt

Die Türme ragen ins Blau
Ins Schwarz
Unter und hinter dem Gelb

Da feiert einer Geburtstag
In der Hütte am Bau
Im Zimmer in diesem
Einfachen Hotel
Die Frau sitzt daheim
hängt ihren Gedanken nach

Vergangene Zeit
Freundschaften auch
Die Jahre, die endlos schienen
Und vergingen

Die Brille liegt schwer auf der Nase
Die Zeitung mit dem Fernsehprogramm schiebt sie
Über den Tisch

Wenn sie wenigstens
Rauchte
Dann könnte sie zur Schachtel greifen
Dem Hauch nachsinnen

Verstehen
Wie alles geschah.
10.11

Stürzt der Kulturpalast
Unter dem Brüllen der
Vielen Motoren
Dem Surren der Monitore
Dem Lärm, dem die
Rockbands dem Alltag geben

Ganz fern im Osten
Da wo das Land in
Ebenen versinkt
Zwischen Wald, Sümpfen
Und Spuren von Elchen
Im wanderndem Sand
Erinnern sie sich an ihre Geschichte
Prüfen die Urteile
Und fassen sie neu

In Archiven sitzen
Behäbig die Dichter
Umsorgt von ihren Frauen
Die Jungen eilen zur Arbeit
In die Stadt
Ihre Mädchen schmücken sich für den Tanz

Nesser
erforscht das Prickeln auf der Haut
und
Die Sehnsucht nach
Dem unendlichen Glück
Zwischen den Schenkeln der Frau
In seinen Träumen aus Nebel und Nacht

Wo der Tag
Nur ein kurzes Zwischenspiel

15.11.

Der Spaziergang im Wald

Mit dem bangen Blick
Auf die Wildschweinspuren
Die Fahrt mit dem Fuhrwerk
Als es das Pferd noch gab

Der alte Kirche
Die sicher
vor dem Walde steht
Baden waren wir In dem Teich
auf der Lichtung

Der laute Morgen im Dorf
Das Sitzen im Garten
Vor dem Haus
Ala, die rannte
Weil sie stets alle
Versorgen wollte

Auch während der großen Sonnenfinsternis
Waren wir hier

Im ersten Jahr der Eifer
Mit dem wir die Sendung machten
Ich hörte sie neu
Zu lange schienen mir jetzt die Anfangspassagen
Dann fand ich
In die Ruhe hinein
Und ich glaube
Sie ist uns gelungen
So lang ist das her
Fast 20 Jahre

16.11.

Gefallen wollte nur
Der erste Schnee
Der über Nacht zerrann
Auch der Reif hielt sich nicht lange

Es regnet
Ab und an bricht
Die Sonne aus den Wolken hervor
Dann liegen das Moor
Und die Wiesen
Grünbraun unter dem Grau

Am Wasser stehen Angler
Und über die Brücke
Donnern die Laster

Früh wird es dunkel
es ziehen die Wildgänse
Davon.

18.11

Nach durchzechter Nacht
Im schweren Morgen
mit Traumbildern noch

Ein Anruf weist
Zurück in die Welt
Der Schreibtisch
Steht mahnend im Raum
Ein Halt im Chaos

Der Zettel
Die kleine Sicherheit
Dass die Arbeit
Im Gestern gelang.

30.11

Die umgekrempelten Jeans
Und das Reden von der
Schwäbischen Kindheit

Mein Erschrecken, dass da
Ein Vater ist
Mit Haus und Auto und Sicherheit

Die Geste, das Gesicht, das leichte sich Beugen
In die Nacht

So viele Jahre ist das her
Ein Traum

Jetzt haben Sie mich auch heimgefahren

8.12.

Ganz anders als ich es dachte
Verlief dieser Tag

Voller Traum
Voller Schatten
Und Licht

Die Bücher umstehen mich
Die unbarmherzige Pflicht

Ein Anruf
Ein Wort
Ein Fluss, der zu Tale rinnt
Weit fort ist die Ebene
Mit ihrem Nebel
Dem Schilf

Wo die Biber
Ganz sorgsam
Die Bäume fällen
Und auch noch das letzte bisschen Laub
bergen
In ihrem Wasserversteck

8.12.

Dieses scheue Gesicht
Sicher und fest

Ich war noch am Flughafen
Ein Freund rief mich an
Er hatte ein paar Stunden Aufenthalt

Wo war ich
Zu dieser Zeit
In welchen Vorstellungen gefangen

Der Raum gibt mir
Sicherheit

Der Körper
Gefallen aus der Zeit
Das Essen auf dem ungeschmückten Tisch
Der Teller

Früher wollte ich aufpassen
Muss
Das nicht mehr

Es hat sich verändert
Und doch geht es fort
Unerreichbar

Ein Brief noch
Eine Einladung
Die schlage ich aus
Aus wunderlichem Trotz

So bleibt mir der Traum
Das ist viel.
18.12.

Wenn die Stadt
Schwarz wird
Wie der Fluss
Unter den Weiden
Im Nazibau die
Filme anfangen

Gesperrt sind die Wege
Nicht geräumt nicht gestreut

Eisiger Wind
Streicht durchs Tal
Ich höre die
Schreie der Autofahrer
Ihr selbstloses Klagen

sehe die Bilder
Der schönen Menschen
Im Konsumweltenrausch

Nachts ziehen die Tauben fort
Die Möwen und Krähen
Sie kehren am Morgen zurück

Lichter und Schatten und Angst
Im Café dort ein Paar

Eine Frau in der Kaufhaushalle
Die ihrem Mann
Ein Geschenk aufdrängt
Ich hab dich so lieb.

2.1.

Auf dem Tisch
Ein paar Stifte
Ein Zettel, Papier
Die Fläche liegt endlos
Und weit
Die Wand
Will keine Grenze mehr sein
Nicht der Äther, die Luft

Auf dem Tisch
Ein paar Stifte
Ein Zettel. Papier
Drüben brennt Licht
Alle Nächte
Auch gestern und heut
Ein lautloses Lachen
Fliegt rüber zu mir
So böse, so weich

Auf dem Tisch
Ein paar Zettel, Papier
Mag sein, dass wir träumen
Von einer besseren Welt
Ohne Leid, ohne Not
Wir träumen doch nur

Auf dem Tisch
Ein paar Zettel, Papier
Renate geht trinken
Paul lebt im Rausch
Inge wäscht Wäsche
Gert räumt seinen Schrank

Auf dem Tisch
Ein paar Stifte
Ein Zettel. Papier
Gunther schreibt Worte
Und Astrid wird heftig
Und schweigt
Die Kinder sind draußen
Voller Angst, voller Zorn
Um ihr Erbe betrogen
Von Schatten umstellt

Auf dem Tisch
Ein paar Stifte
Zettel, Papier.

2.1.

Wenn dein Lachen
Uns verlässt
Deine schlechte Laune
Der Eifer mit dem du
Über deinen Unterlagen sitzt
Die Eile mit der du gehst
Und auch kommst

Zwanzig Jahre
So jung und so alt

Vielleicht erfüllst
Du dir deinen Traum
Den deine Mutter geträumt

Wenn du wiederkommst
Blühen die Bäume
Und alles ist wieder grün.

2.1.

Was Freundschaft ist

Vor langer Zeit
war
Es stumm beieinander
Sitzen und schweigen
Und mein falsches Warten
Auf Anerkennung

Sie kam anders als
Ich es dachte
Im Zorn
In der Stille der Jahre
In den Worten
Der Filme

An jenem Abend im Café
In der Erinnerung
An vergangene Tage
mit dem Gefühl
Der Sicherheit
Dass wir sind.

Ich lief heim
In meine Nacht
Trug ein paar Texte
Zu dir

Ich mag die Haltung
Mit der du schreibst

Nun,
es wurde nichts mit dem Buch
Die anderen mochten es nicht

Und es gab auch dies
Wort eines Dichters, dass ich
Auf mich bezog.

Ich bin heute nicht gekommen
Wo Freunde lesen
Auch Uli kam nicht

So ist es nun mal
In unserer Zeit.

7.1.

Du hast eine Kette
Am Fenster
Zur Weihnachtszeit
Und wohl auch ein
Paar Zweige

Kugeln vielleicht, grün, rot und blau
Isst zuweilen Lebkuchen
Aus dem Paket
Das wir dir schickten

Der Vorhang weht leise
Vor deinem Bett
Dieser riesige Tisch
Und die Ecke, wo
Dein Computer steht

Du schaust selten
Deine E-Mails an
Das Handy verbindet
Dich mit der Welt
Die aus Liedern besteht,
aus Musik. Der Arbeit
nun jeden Tag

ich mag dein Verzagen
vor dem schweifenden Geist
doch er bändigt den Tag
das Leben, die Nacht

du wirst ihm nicht entkommen
so sehr du dich wehrst.

8.1.

Dies verwirrte Sein
Zwischen den Stunden

In Regale geordnet
Gefrorene Zeit
Ein Anruf, ein Lächeln,
eine Tasse Kaffee

Der Briefträger läutet
Trägt schwer an
Seiner Tasche

Morgen kommt
Dieser Brief

Und reicht
Für ein Leben.

9.1.

Die Tage vergehen
Im Windhauch über den Feldern

Dort am Strauch
Und im Schilf
Verwittert ein Augenblick

Ich sehe dein
Gesicht in den Weiden
Und Davids Harfe
Im Spiegel
Der Stadt

Sehe
Schatten und
Licht
Höre Worte die
Du zu mir gesagt
Denke an die Töchter
Und ihre Welt

Wohl war es und
ist es eine
Gute Zeit

27.1.

Wandas Schatten
Streicht über das Feld

Weich ist ihr Gang
Ihre Haut samten
Und fest

Oft dachte ich
Dass andere Weiber schöner
Seien
Ihr Leib dem
Meinen gemäß

Meine Furcht vor
Der Welt
Meine Angst

Dort am Fluss
Springen die Fische
Liegen Mädchen im Gras

Aus der Eckkneipe
Starrt widerborstig
Ein Mann

Sie legen sich zu
Ihm
Wenn er sie fragt

Freilich nicht gleich
Beim ersten Mal.

27.1.

Meine Angst
Und mein Schatten

Zuweilen steh ich
An deinem Grab
Oft schon
Und bete
Ich

Brot und Salz
Haben wir

Ich weiß.
dass
Es für ein
Leben genügt

Genügte es
Doch dir

27.1.

Eine Reihe von Stühlen
Musik
Ein paar Worte
Aus Licht und
Rostbraunem Stoff

Der Kellner zählt
Seinen Verdienst
und
Die Stunden, die
Er noch bleiben muss

Eine Reihe von Stühlen
Musik
Ein paar Worte
Aus Licht und
Rostbraunem Stoff

Ich reise und sehe
Die Dörfer, die Städte
Die Menschen auf
Den Gassen
In ihren Räumen
Hinter dem Wind

Eine Reihe von Stühlen
Musik
Ein paar Worte
Aus Licht und rostbraunem Stoff

27.1.

Deine Angst vor dem
Erwachsensein

Du hast deinen
Geburtstag um zwei Uhr
Gefeiert
Draußen stand die Nacht
Schweigend und schön

Es liegen Karten und
Geschenke
Auf dem schmalen Stuhl

An meinem Geburtstag
Wollte ich wieder
Gesund sein
Ich
bins

Du bist es
Gehst morgen zum
Examen
Und holst dann
Die anderen nach

Wenn man 12 ist
Hat man keine
Probleme
Zorn oder Streit manches Mal

Dir scheint die Kindheit
Ein schönes Haus
Ich bin dankbar
Dass wir es dir gaben

Aber sei sicher
Auch dein eigenes ist schön
Und gänzlich ohne die Ängste
An die du jetzt denkst

Es ist dem unseren gleich
Auch dies gaben
Wir dir

Mein kleines
So großes Kind

28.1.

Im Fernsehen betrachte ich die Hoffnungen
Von großer Zeit
Den Traum, dass alle gleich
Und füreinander seien

Und ich sehe deine
Anstrengung wie du dir
Und uns genügen willst

Am Nachmittag zogen
Die Krähen
Zu Tausenden über die Stadt
Zum Wasser vielleicht

Ab und an erklingen
Sirenen von Rettungswägen
Herauf zu dem Ort
Wo du wohnst

Autos fahren
Und Lichter brennen in dieser Nacht
Eine Stimme erzählt
Von dem sozialistischen
Polen

Ich höre die Worte von meiner Sendung
Als alles zu ende war

Die Sendung scheint mir gelungen

Fast besser
Als der Lauf dieser Welt

28.1

Auf den weißen Seiten
Der Welt

In den Worten
hingeschrieben
An Wände
In Herzen verborgen
In Gesichter versteckt

Die französische
Revolution
Maos langer
Marsch
damit
ein Kind
Eine Zukunft hat
in Asien, in
China und Afrika

wo
Die Alten noch weise sind
Fortbestehen
Leben
den
Nächsten Tag
erwarten

Wie Bauern träumen
Kämpfen
Gegen die allumschlingende
Stadt

Wir sind wir
Die wir wissen
Dass die Lerche
Singt
Und ein Mädchen
Seine Kleider schürzt
Wenn der
Daimler
Vorüberrauscht

Sieben Gerechte

Vielleicht
Auch nur zwei

8.2.

Leben im
Grau dieser Stadt
Am Rande
Warmer Cafés

Das Wort ist fort
Wird überall
Laut und gelassen
preisgegeben

Das letzte Eis treibt
Auf dem Fluss
Zwischen den
Flecken von
Schaum

Über die Magistrale
Jagen Automobile
Verschreckt laufen
Kinder davon

Am Fenster der Alte
Steht fassungslos
Klettert hinab in den Laden
Für Brot und für Milch

Reklamezettel
Stecken im Kasten
Dazwischen ein
Schmaler Brief
Von der Tochter
Aus einer anderen
Stadt.

26.3. Warschau

Morgens
Bevor der Tag
Erwacht
Während die Briefe
Noch in den
Fächern liegen
Die Tauben sich vorbereiten
Für den Flug ins
Häusermeer
Ein Ast schaukelt
verwegen im Wind
Es wartet ein Eichelhäher

Zitternd greift Uli zum Glas
Soweit fort
Vom baltischen Meer

Wo die Schwäne ziehen
Über Wäldern
Und Seen
Selbstverständlich und allein
Lassen Männer
Boote zu Wasser
Haltlos genau
Wehren sich gegen
Den Untergang

Der Welt ihrer Vorstellung
Grausam, böse, kalt

Sie umarmen ihre Frauen
Träumen von einem Amerika
Oder der Stadt
Die Uppsala heißt
Eine Bobbahn ist da
Und Mädchen
Laufen zum Reigentanz
Für diesen Augenblick
Den ich in deinen Augen seh

Weißt du
Was Liebe ist
Weiß ich es
Vielleicht

Wir treiben ins Nirgendwo

In unsere Vergangenheit

26.5.

Auch wo Fußballer
Laufen ist Welt
Da schalten Ampeln
Auf grün, gelb und rot
Manchmal
rauscht Pantani vorbei
Der Pirat
und erzählt
Von der anderen Welt

Vergiss es und warte
Auf das
Was der Bleistift
Dir sagt
Bis mehr auf den Seiten
Sich findet
Und kurz wird der Stumpf
Von Faber Castell

Ich sehe das Schloss
Das Herrenhaus
Und höre
Dass zumindest noch ich
Ein paar Worte
setzen darf auf dieses Papier
Mit dem Stift

Wenn die Badenden gehen
Kehren die Möwen zurück zum Strand
Spaziergänger mit Hunden
Tauchen auf
Sandalen über die Schulter
Geschlagen

Papierfetzen liegen
Im Sand
Spuren von Decken
Und Zelten
Zeichnen den Mittag nach

Liebespaare
Hocken an der Wasserkante
Schauen den rastlosen Wellen zu

Ein Junge lässt seinen Drachen steigen
Hoch am Himmel hängt das Gebilde
Aus Holz und Papier

Drüben im fernen Meer
Zieht ein Kutter
Hinter den Horizont

9.7,

Dein fliehendes Lachen im Wind
Zwischen Erlen und Eichen
Und Laternen ganz gelb

Zerrissene Pflaster
Weisen zum Strand
Schwarze Wolken
Ins Grau

Vom Bier ganz beseelt
Trägt er sich bei den Grünen ein
Zehn Jahre im Daimler
Feiern Vergänglichkeit

Wie jene
Die ihre Trauer
Zum Wasser trägt
und ihre Harfe
Zu den
Weiden des Nil

Was war das für ein Leben
Als er
Von Jahrmarkt zu Jahrmarkt
Noch zog
Und nachts bei
Seinem Mädchen lag

10.7.

Still liegen Treppe und Haus
Im Zimmer die Betten verlassen

Das Meer läuft schäumend zum Strand
Zu den Möwen, den jungen

Schwarze Wolken umspielen die Steine
Löschen Flecken auf deinem Haar

11.7.

In die Wälder des Nordens
Legen
Zobel ihre Spuren
Elche und Rentiere ziehen
Himmelwärts

Gras ragt aus dem Schnee
Strauchwerk
Von Nordlandtannen gerahmt

Vater ging hier Streife
Den Karabiner geschultert
Mit dem geölten Verschluss

Am Horizont noch der Schimmer Licht

Dort, wo die Panzerschlachten tobten
Die Frauen zum Himmel blickten
und
dem Sterben der Männer nachlauschten.

20.11.

Du glaubst an die Kühnheit des Denkens
An seine beständige Kraft

An das Glück phantastischer Träume

Und den letztendlichen Sieg
Derer, die das Unmögliche Wagen

Die Scheu hast du verloren
Vor dem Wiedereintritt in die Welt
Auch die Hast und die Ungeduld
Willst ein Kind sein zuweilen
Unbekümmert und schön
Ohne Angst vor dem nächsten Tag
Die eine Stunde, die das Leben bestimmt

Weich und hell
Klingt dein Lied
Sanft ist die Geste
Mit der du dich fügst
Herrisch der Geist
Der mehr will als das

Drüben am Haus
Schwingt ein Fenster
Im Wind
Dahinter ein Raum
Verwunschen im Blumenglanz

Im Spiegel dort siehst du dich selbst
Und glaubst
Deinem Zauber kaum
Wendest dich ab
Geblendet vom eigenen Selbst
Und dem Glück
Das du den anderen bringst.

7.1.

Verwegen und schön
Flattert dein Haar
In ungeahnten Fernen
Der Welt
An nördlichen Küsten
Am südlichen Meer
Wo du Crepes essen wolltest
Und Sandburgen bautest
Auf den Reisen
Zähltest du Pferde und Autos
Aus unserer Stadt
In Zimmern am Strand
Wollten wir wohnen
Auf Burgen über schroffem Fels
Digital Fortress
Welch dümmlichen Hohn
Auf die Welt

Die Möwen sie steigen
Und Sperlinge flattern
Unscheu davon
Folgen dem Wind in die Wolken
Nun reist du mit Laptop
Und Koffern
Voller Papier
Wo einst Puppen lagen
Geschichten von Trollen
Und schneeweißen Feen
Satteliten ziehen zu den Sternen
RostigeTanker an Küsten
Vorbei
Blätter und Buchstabenreihen
Wald Wind und Blumen
Auf Seiten aus Licht und aus Glas

Drüben hockt noch ein Fischer
In dunkler Bar
am Hafen
Zählt die paar Cent
Die der Fang ihm
Gebracht.

8.1.

Auch wieder ein Tag

Noch einer
Nach diesen Worten
Der Tat
Ich möchte
Ich will

Ein Herz
Ein paar Sekunden
Das ist
Ist die Welt

Ein Glücksstern
Gewiss
Auf zerrissenem
Blatt

Es ist
Das will ich

1.2.

Blaue Federn
Auf weißem Papier
Verwaschene Zeichen
An einem Stein am Straßenrand

Thomas-Wimmer-Ring 32
Die Häuser stehen schweigend
Im Raum dieser Stadt

Lauernd
Dem Vorfrühling zu

Ich steige die Treppe hinauf
Öffne die Tür
Du streifst den Bademantel ab
Stehst nackend vor mir
Die Violinspielerin fällt mir ein
Sekundenlang
Dann trägst du mich fort
Aus der Welt

Ich denke noch
Warum las ich das
weißt du denn
Wer ich bin

März

Verse Geschichten

Augen, die gläsern still
Vor dir stehen

Eine Kreuzung
Ein Hochhaus
Ein Fenster
Ein Leib, der sich
Über die Brüstung schwingt

Dreitausend Jahre Geschichte
Einst ging Odysseus vorbei

Nun folgt ihm Hans Maier
Mit ai nicht ey
Der fiel auf den Stein
Zerplatzte im Fleisch
Wurde verladen, verscharrt

Ich erzähl von Odysseus
Warum

März

Und es geht um den großen Verrat, der betrieben wird in den
Feuilletons

Und auch wenn die Tage verstreichen
Als habe man sie nicht oder
Schon immer in Angst
Erlebt
Das ist es nicht
Was dann?
Abschreiben
Einen Schritt vor den andern setzen
Zurückschauen
Voraus
Wo war da die Brücke?
Wo steht das Haus?
Es ist, war, sollte sein

Ein Spaziergang am Fluss
Menschen kampieren
Unter den Brücken
Keiner weiß mehr
Ein Film – die Wittelsbacher

Wir liefen seinerzeit mit
Der Kamera zu ihnen
Obdachlos
Die erste Geschichte, die ich versuchte
Verloren im Sturm
Dieser Zeit

Erzähl ich nicht weiterhin
Von fortwährender Obdachlosigkeit

Unbehaust
Schau ich nach Thüringen hin
Zu dem Berg

An das Schulhaus erinnere ich mich noch
An den strengen Lehrer
Der wollte, dass aus mir etwas wird
Der alte, junge, verzweifelte Kommunist
Traktor, das Wort
Das ich aus dem Russischen kenn

Waren die Träume denn so
Verwegen
Oder die Gassen so eng
Dass selbst die Kosaken
Die Steppe nicht fanden

Traumverloren
Fuhr ich durch ihr Land
Von hellem, weitem Licht
An ihren Bächen konnte ich lagern
Den Flüssen
Den Seen

Das aufgestaute Wasser
Über das ich zögernd lief
auf der Brücke
Aus Holz mit Seilen verschränkt

Dort in dem Gasthof redeten sie auf uns ein
Bei Wurst schwarzem Brot
Haben wir denn recht
Alles mit unserem Maßstab zu messen

Am frühen Vormittag
Umgeben von Männern
Die schon ein paar Stunden dort hockten
Trübe
verloren der Welt

Mit Weibern daheim
Söhnen und Töchtern
Die einander unter der Linde treffen
Beim Geschnatter der Gänse

Als sie uns sahen, strichen
Sie ihr Haar zurück
Und kicherten über die Fremden
Die ihre Privatheit
Zum Besonderen machten

Zurück auf der Straße
Fiel die Sonne in ihr goldgelbes Loch
Rinder schleppten
Sich wiederkäuend zum Stall

Wir fanden Raum in diesem Hotel
Das Wasser war warm und
Im Fernseher ließ sich CNN einstellen
Auch Eurosport

Wir waren zurück in der Welt
In der unsern
Die ihre auch ist

April

Von der Reise zurück
In der Stadt
Meiner Geschäfte
Der Blick auf die Dächer
Vorm Fenster
Mit den Tauben
Die weniger werden
Amseln und Spatzen nehmen ihren Platz
Die Blumen auf unserem Balkon
Der rote Architekt, der läutet
Machen will, was er vergaß
Bier und Schnaps fassen die Welt
Der sich das Wort entzieht
Wolken stehen am Himmel
Ab und an klingelt das Telefon
Post ist zu machen
Der Eintritt in den anderen Tag

20.6.

Zwischen Wolken und Licht
Telefonaten und elektronischer Post
Liegen Tage im Juli 2005

Die Homepage ist fertig
Der Auftrag für die Wohnung erteilt
Und Gelder kommen wohl auch

Wären nicht die entsetzlichen Schreie der Politik
So möchte man meinen
Es sei ein gutes Jahr

Denn was kümmert mich
Wenn fern in der Türkei
Die Völker aufeinander schlagen

22.7.

Tauben hocken auf den Simsen
Spazieren die Dachrinne entlang
Eine Elster inspiziert die Blumen
Auf unserem Balkon

Drei Bomben gingen hoch
In Sham el Sheik
60 Tote
oder mehr
meldet der Radiosprecher
und Staus auf den Autobahnen
die Ferien enden in den nördlichen Bundesländern

graublaß
hängen Wolken
über dem schmalen Grün
das vom Fenster aus sichtbar ist

leise fährt Wind in die Zweige
er rührt auch die Blätter der Ginkopflanze
die auf dem Heizkörper steht

23.7.

Die Angst
Hängt schlaff in den Zweigen

Fett und feist hockt
Die Gier auf dem First

Wenn Licht aus den Wolken fällt
Regt sich die eine, die andere wird blass

Wände aus Büchern
Wie Mauern fest
Gewähren noch Zeit

Dreißig Jahre
Vielleicht noch ein paar mehr

29.7.

Vor den Scheiben
Fliegen die grauen Tauben
Tropfen hängen am Gestänge
Des nichtsnutzen Balkons

Donner grollt in der Ferne
Mach den Computer aus
Was weiß du
Wie viel passieren kann

In der Welt,
in der Natur
die zur Einrichtung verkommen
bei Ikea zu kaufen ist
bei Aldi und Lidl
wo die billigen Waren stehen
für den sparsamen Kunden

Geiz ist geil
Ich bin doch nicht blöd

Vielleicht mehr
Als du denkst
Denn du weißt nicht
Dass andere dort kaufen müssen,
damit sie überhaupt
noch fristen
was man so Dasein
nennt

30.7.

Waag

Von den Bergen kommst du mein Kind
Trägst den Schnee mit dir fort
Aus Bächen und Wassern vom Walde
Ziehst an Städten und Burgen vorbei
Verehrt und geschunden
Nach unserer Art

Schickst Licht aus schattiger Nacht
In die Blässe
Des Morgens im Tal
Und
seine Menschenwelt

Hörst die Klagen der Weiber
Der Männer bös grollendes Lied

Verlierst dich im Grün
Und im Sonnenstaub

Ziehst weit vorbei an dem Haus
Das das meine nun ist
Gehst unter im Strom

Lass mir den meinen

13.8.

Da liegt die Geschichte
Von dieser Wüste
Der anderen
für die ich ein paar Worte fand
Vor dem Grau meines Fensters
Gestochen in Blei

Ein Glas auf dem Tisch
Der stille Computer
Der fordernd sein Summen
Sonst
Schickt durch den Raum

Graublau dieser Himmel
Grauweiß
Alles Stille, kein Laut

Drüben brennt Licht
In dem Haus an der Ecke
Rote Blumen im Grün eines Kastens
Im Hof ein Baum oder zwei

Sonntag ist heute
Spätsommer
Nach früh
Verregnetem Herbst.

4.9.

Nach der Arbeit an dem Bild der Welt

Müde, zufrieden

Verstört
Wenn ich die anderen Bilder
Sehe
Die falschen Worte höre

Zwei Gerechte
Einer muß doch genügen

Ich hoffe es

4.9.

Die Ängste flattern davon
Über rostbraune Dächer
Hinüber zum Park
Verbergen sich hinter Glas
In den Augenblicken
In denen eine zufällig geöffnete Tür
Durchblick gewährt

Sterne
die nachts leise wispern
Oder ist es das Laub
Der Bäume im Hof

Jetzt, wenn ich blicke
Am Sonntag, der eilig zur Neige geht
Da seh ich nur Tische
nur Schränke
in diesem Zimmer

Aber ich weiß, dass es den Durchblick gibt
Und ich weiß auch
Dass sie nur lauern
Bis der Weg frei ist
Über die Dächer

Aber dann schließ ich die Fenster
Lass die Rollläden herab

Auch ich kann
Mich wehren

4.9.

Die Zeit verrinnt
Mit leisen Glockenschlägen
Still ist es
Auch in mir
Nach ein paar Sätzen
Am neuen Text

Mag sein
Dass sie dräuen
Sich aufbäumen
In ihrer Vergänglichkeit
Während
neue Gedanken
Die Blätter füllen

Bis
Donnernde Kirchenglocken
Auf den Sonntagabend
Einschlagen
Oder
Törichtes Handygeschrei
Den Augenblick
zerreißt

Meine Stadt und
Mein Leben

Still liegen wieder die Gassen
Die Schaufenster leuchten
Verwegen dem Montag zu

11.9.

Davon fliegt die Taube
Weiß und schön
Über dem nutzlosen Grün
Fremder Städte

Hier lebte ein Zwerg
Klaubte Gold aus dem Gestein
Tief unten im Berg
Ein Riese hauste
Neben der Buche
Grau und ungebärdig

Ich glaube nicht
Dass sie Nebenbuhler waren
Natürlich warf die Schöne
Ihr Haar zurück
Zupfte an ihrem Kleid
Und dachte daran
Ein neues Leben zu beginnen

Dort hinter den Hügeln
Wohin der Wind
Ihr vorausgeeilt war
In Wolken verharrte
Wie es ihr schien

Auch ich lebte dort
Eine Weile zumindest
Aß Fleisch und trank Bier
Und dachte an die
Herrlichen Gelder
Die mir alle entgingen.

13.9.

Wenn die kaputte Uhr
einmal am Tag
die richtige Zeit anzeigen kann
was zeigen die anderen
und warum hetzen wir
ihnen nach
genügt es nicht, zu wissen
dass einmal am Tag
das Leben im Gleichklang ist
mit der Welt, dem Universum
und mit dir
was mir am wichtigsten ist.

(Meine Antwort auf Einstein und auch auf Sokrates, der frech zu sagen wagte, ich
weiß, dass ich nichts weiß.)

22.11.

Vor den Augen der Nacht

Eine Ampel blinkt
an der Kreuzung
ein weißes Pferd
galoppiert erschreckt
an der Haltestelle
der Linie Acht
vorbei

Achternbusch schleppt
sein Kanu zum Markt
wo
Heißenbüttel steht
und Apfelsinen zählt

unweit davon
ragt
Brandners Kinopalast
Aus dem Meer
blauer Häuser
in dem Cineasten
zwischen
Kameras und Tonbandgeräten
in Sesseln liegen
zur Leinwand starren
und
auf neue Eingebung warten

November

Wie ruhig ich doch lebe
Im Glück dieser Tage
Geplagt von kleinlichen Sorgen
Um was sonst anderes als Geld

Mit dem
Blick aus dem Fenster
Auf eine beständige Welt

Die Anrufe und Worte
Die Reisen, die Arbeit wohl Abende lang

Brauch nicht Stiefel zu schüren
Zu nachtschlafender Zeit
Kehr auch nicht heim
Wenn alles erloschen

So gehen die Tage
Oft im Gleichmaß dahin
Ohne Drohung und Angst
Die ich mir selber
Gemacht

22.1.06

nach Anruf bei Schlattner

Die Stadt, die Vergessene
mit den Leuten
die ich mag
obgleich ich nur wenig
von ihnen weiß

über schneematschbeschmutzte Straßen
bewege ich mich zu ihnen hin
zu jener die Hähnchen verkauft
in Deutschland geboren, gewachsen, geschlachtet
so ganz will ich das nicht wissen
Zwei mal ein halbes kaufe ich ein
die Frau lacht mir zu

hab vergessen,
wie Schlattner Geschichten erzählt
ich traue ihm nicht

an der Tankstelle
spielen sie mit den Preisen
ich seh das und steig in mein Auto
nach Dietramszell
langlaufen

Rico Gross wird bei Olympia
Gewinnen

Meine Tochter
Fährt nach Edinburgh
Im Sommer werden wir sie besuchen
Das gilt es festzuhalten
Im Gang dieser Zeit

Die andere hat ihre Prüfung
Gemacht
Heute

Der Tankwart
Steht grinsend
auf seinem Beton
Den Schnee leis bedeckt
Oder war es noch Gras
Die Stimme von Bayern 3

Februar

Schlattner

In der dunklen Gruft
seiner Kirche
spricht er mit seinem Gott

Ich stehe verloren daneben
mit dem Tonband in der Tasche
das hier so nutzlos ist

er zeigt mir die Kutschen
und einen Teil seines Lebens

durch die Wohnung huscht seine Frau
überdrüssig der vielen Besucher
die auftauchen und gehen
während die Nacht Dorf und Hügel
in Dunkelheit hüllt

seiner und seinem und seine
wie viel und wie wenig das ist

nach all den Schatten
die der Bach dem Flusse
zuträgt

Juni 2006

Von den Federn
der Schwalben
ihren aufmerksamen Blick
wenn sie über die Stoppeln streichen

die Äcker sind ihr Revier
die Weiden, die grünen Flecke
zwischen den Häusern

Du willst mir erzählen
wie die Welt sich dreht
im Mahlstrom der Banken
im Blau der Augen
elektronischer Wirklichkeit

Hast du denn Angst
wie ich sie habe
oder gibst du dich hin?

23.6.

Soviel Lärm der Vergangenheit
Lieder, Worte
ein paar Gedanken
Bilder
ein Zaun, eine Frau
Massen, die sich bewegen

ich misstraue ihnen
will sie verstehen
auch jene, die roh sind und böse
wie soll sich alles zum Besseren kehren
wenn man nicht ...
wenn ich nicht vertrau

zerstört ist so vieles

Trotzdem!

(Solanas Film)

Drei Sitze weiter, graublond mit Bart
der Bruder daneben
vor mir Leute, die ich nicht mag
und doch haben sie die Träume nicht gänzlich vergessen

Schlattners Kampf
mit den Engeln
und seiner Schuld
aus anderer Welt

Putin
der kurz seine Worte vergaß
als er sagte ins Lachen der Journalisten
diese Demokratie
wie im Irak wollen wir nicht

den Film von Solanas habe ich heute gesehen
über die Würde der Vergessenen
einen anderen noch über die Frauen
die sehnsuchtsvoll, dumm und unbarmherzig sind

alles an einem Tag
und ein paar Stunden
mit meiner Tochter
Zuviel möchte ich schreien
nicht genug

Ich sehe Panzer rollen
zerfetzte Leiber liegen im Sand
in diesem Jahr 2006
im neuen Jahrtausend
das sich nicht unterscheiden will
vom vergangenen

Eine Birke steht in der Ebene
vorm Wald
Licht fällt auf die Blätter
aus Wolken herab.

(nach Stones-Konzert)

Da liegen die Seiten
die Worte
kleine Vergeblichkeit

frag nach dem Maß
dem Augenblick am Brunnen
dem Moment, wenn die Frau sich dir gibt

Sie nimmt etwas mit
lässt dir den Augenblick
Ihr beide seid auf der Welt
und sucht
verfolgt euer Glück

Nach so vielen Jahren Verbindlichkeit
kann ich noch Genauigkeit lernen
Härte
Da wo sie notwendig ist

Wird Welt dadurch anders erzählt

Genau ist auch die Verbindlichkeit
Wo ist die Grenze
Wo fängt die Lüge an
Wo liegt mein Lernen

Doch darin
dass ich zugeben kann
etwas zu wissen

nicht nur am O-Ton muß man zweifeln
auch an dessen Interpretation

Still sei der Mensch
weise und gut
und nicht so vermessen

(17.7 nach euroblicktext)

Ich bin ein Mann
Der mit seinem Weibe
Die Kinder großzieht
Für eine Zeit ohne Angst

Vergebliche Worte
Herr Bobrowski

Die Angst sitzt in dir
Nicht draußen
Sie zerstört was sie will
Drei Tage, die Nacht

Schatten tanzen über grauschwarzen Tümpeln
Ein Soldat holt die Angel aus ihrem Versteck
Für das Weib
Den Sohn
Kartoffeln zum Mahl

Ein Haus fällt ein
Und ein Schmetterling lässt sein Leben
Draußen im Tag

Stefan planscht leise
Im See
80 Jahre
mögen noch
vor ihm liegen

25.11.

Drei Stunden vor der Stadt
fielen Häher über die Tauben her

Ich las das und dachte
so geht es eben
knüpfte die Jacke mir zu
stieg in die Straßenbahn

dass es Häher noch gibt
wusste ich nicht

im Januar

Da stürzen die Tore ein
brennen Fassaden
Menschen
in einem Café
Mit Milch oder ohne
Zigaretten auf ihrem Tisch
dem Handy, das notwendig ist

Ein Bergsturz – Ramuz
Kafka mit
ängstlichem Blick
die Worte, die Sätze
sind mein
Die Augenblicke der Liebe

Franziska
die ihr Abendbrot verzehrt
in Gedanken versunken

War ich jemals am Ararat
diesem düsteren Berg
dessen Gipfel die Wolke verhüllt

Oder leben da Fischer
nahe bei
und legen sich zu
ihren Weibern
bei Nacht.

13.3.

Wieder einmal
Schau ich hinaus
Auf den Hof
Freitagabend
Noch zwei Lichter brennen
In dem Bürohaus da drüben

Das Bier steht vor mir
die Nachricht
Dass der Text
Wohl gelungen sei
Hängt im elektronischen Raum

Grau
Ein bisschen rot noch
Am Himmel

Im Fernsehen ein Handballspiel
TUW Kiel gegen Portland San Antonio
Nach dieser Weltmeisterschaft

Die Tauben kehren
Morgen zurück
Und die Gedanken

30.3.07

Dann fügt sich wieder die Welt
Und Nachrichten
Dringen zu mir durch

Die Wurzelfantasien
Der Birken
Ihr skeletenes Rindengesicht

Jogger und Radfahrer
Gleiten vorüber
Bei dem Spaziergang am Fluss

Ein Haubentaucher
Schwimmt im Vorfrühlingsgrün

An den Zweigen
Brechen Knospen
ans Licht

31.3.07

Flucht
Vor den Augen der Berge

In Angst
Mühseliger Nacht
Schieben Lichter
Sich leise an den Bäumen vorbei

Drei Stunden noch
Hinüber zur Grenze
Die Kleider sind klamm
Ein Rehkitz
Huscht über den Weg

Alles wird stumm
Gefrierende Zeit

Der Schuh drückt
das Leder der Jacke
schabt an der Haut

Noch einmal das Blitzen
Der Scheinwerfer
Fern

8.4.

Dort auf den Wiesen
graben Maulwürfe
durch das Braun
und
Meisen suchen ihr Futter
in trächtigem Grün

Wohl möchte ich es wissen
und manches wäre nachzuschlagen

vielleicht
findet man alles im Internet

ein weißer Daimler
gleitet behänd
um die Ecke

kein weißer Chevrolet
Ich erinnere mich

mein Freund

10.4.

Ganz versteckt
zwischen den Kissen
eine Feder
so leicht
lässt sich nicht wegstreifen
aus der Welt
ein Staubsauger
bringt Ordnung
sein lautes Geräusch
und die Handhabung auch
Flussschiffer träumen
vom großen Meer
und beginnen den Tag
wie er endet
Mag sein, dass eine
Sternschnuppe fällt
kurz nach Mitternacht.
Der düsteren

Die Häscher
pochen erst
gegen Sechs

13.4.

Ein Tag fällt zur Nacht

Die Arbeit ist getan
Die Zeit geht
der Augenblick
Es gibt einen neuen
Gewiss

Die Bücher trösten
Weil dies ihr Geheimnis ist

Fern der anderen
der medialen Welt
von second life
wo sie Kinder schänden
erzählen sie Zuversicht
mit ihren schwarzen Lettern
auf weißem Papier

13.4.

Am Abend vor dem Spiel

Mit bevölkerten Plätzen
Aus Licht und Lärm
Streife ich an dieser Hauswand entlang
Mit deinem Ring in der Hand
Schaue zur Turmuhr hinauf
Und zünde mir eine Zigarette an

Draußen am Ufer
Wiegt unser Boot
Mit Rost an den Planken
Ein Spatz hüpft eifrig davon

Drüben am Fenster
streift ein Engel
Sein Hemd von der Schulter
So blass seine Haut
Noch nicht berührt
Von der Sonne
In diesem Jahr

Die Turmuhr schlägt Elf
Eine Stunde bis Mitternacht

Reiher stehen kichernd am Strand
Weiß leuchtet das Meer
Zwischen Flächen aus Schwarz

Ich oder du
Du oder ich
Weit dehnt sich das Häusergeflecht
Mit Mopeds und Pappeln bestückt

Ob da gerade ein Grauhaariger
Seinen Chef zum Banktresor zwingt
Oder die Bluse nun endlich zu Boden fällt
Dein Arm mich umschlingt

Du weißt dass deine Hände hinter dem Rücken
Und dieser Blick
Unwiderstehlich sind.

Im Juni

In ausschweifender Agonie
Liegt das Land
Bayern 3 lässt Weiber
Hysterisch lachen
Und feiert Feste
Mit dir

Ich kauf ein paar Bücher
Blättere sie an
Trag sie wieder zum Markt

Meine Tochter schaut
Durch das Mikroskop
Die andere streichelt
Den Stein

Draußen
Streut ein Fenster Licht
ins Dunkel

Der Bleistift kratzt
Auf dem Papier
Zur Sonntagnacht

25.7.07

Memmingen
Im Land vor den Bergen

Am Bach
Zwischen den Häusern
ein Hinterhof

Frauen und Männer
blitzschlanke Italiener
dazwischen
in Hose und Rock
Die Lieder klingen nach Bergen
und dem jähen Glanz der Kaiserstadt Wien

Keyboard, Gitarre und Bass
Eine Frau, die ihr Weinglas festhält
klatscht Beifall
den Musikanten
Schlank, trübe und rotweinweh

Der Tisch wird
zur Tafel
ganz nebenbei
seine Platte soll sich biegen
unter Schinken, Käse
Brot und blutschwerem Wein

Die Trunkene
auf ihrem Stuhl
lässt die Zigarette fallen
und kramt nach dem Feuerzeug
am
Abend in dieser Schwabenstadt
gegen halb Zehn

Von der Freiheit
singen die Musikanten
von Che Guevara
und seiner Seele
die über dem Dschungel
Mittel- und Südamerikas
treibt
regenschweren Wolken gleich
über schwersattem Grün

Die Gäste fallen
in den Refrain ihrer Lieder
der Vorhang gleitet beiseite
enthüllt
verblasster Hoffnung
betörenden Raum

Zaghaft fällt Regen
dann bricht er herab
treibt alle in den Schutz
undichter Planen
die Hände
am halbleeren Glas
die Augen und Sinne noch fern
in anderer Zeit

Rasch leert sich der Hof
verlassen liegt nun der Bach
schwarzdunkel das Wasser

vorn an dem Übergang
schimmert ein Streifen Licht
die Turmuhr
schlägt leise
damit kein Schlafender

aus seinen Träumen
erwacht

29.7.

Birken, Kiefern
Sonnenlicht und Blau

Hinter den Dünen
Der Strand

Nach soviel Jahren
Wieder einmal
Für ein paar Tage
Weg von dem Weltenlärm

Am Meer im August

Nimm alles zurück
Sag nie mehr ein Wort
Schau und geh
Rieche und koste
Den Tag

Betrachte die Bücher
Lies dies und das
Schweif mit den Blicken
Ins Nirgendwo

Blass sind die Wangen
Der Rücken gekrümmt
Die Peitsche hängt dort
Wo sie immer schon hing

Kann tanzen
Wie ein Edelmann
Ein Edelmann

25.8.07

Das Gestöber aus Licht
Verbrennt Seelen
Trübt Augen und Sinn

Wenn die Suche beginnt
Nach dem Wort
Und
Dem Ursprung der Welt

Drüben am Bach
Rollt ein Kiesel
Weiter zum Meer

Lang ist sein Weg
Bis ihn
Die Wellen
Umspielen

25.8.07

Nach Cebit Preview
Und Nachdenken über die Welt
Weiß ich nicht mehr
Als ich vorher wusste

Das Lachen in einem Gesicht
Und der Eifer ein Werbegeschenk
Zu erhaschen
stehen nicht im Einklang
Mit den Tagen
Die sonnig und schön

Vor der Tür
Ein Daimler eines Handwerkers
Mit einfältiger Orthographie
auf dem Papier an der Scheibe
Das ich allen zeigte

Einschmeicheln
Will ich mich in diese Gemeinschaft
Warum
Wo abends doch meine Tochter
Anrufen will

23.1.08

Die Vögel fliegen so weit
Zählen die Tage nicht

Rankin taumelt durch
seine Stadt
ich folge ihm brav
verzweifelt und voller Träume
von anderer Welt
andren Orten

dort liegt Sand an der Küste
gelbbraun und warm
wie der Schoß einer Frau
die an meiner Seite geht
voller Träume selbst
die sich so selten
verbinden
oder immer mehr

17.2.08

Es muß ein Virus sein
Dieses Leben
Aus Leinwand und Farben
Und den Bergen der Schweiz

Das Licht ist unser Lebenselixier
Und die Straße
Die uns nie verlässt

Auf unserm Weg
Von hier nach dort
Über Ebenen
Durch enge Täler
An Hexen vorbei
Und mit Trollen
Im Kofferraum

20.3.08

Gesichter
Geschichten
Blühende Bäume
Bücher

Lange Zeit
Dass ich nicht mehr
Geschrieben hab

Ein Wort
Der Liebe

So fällt die Nacht
In den Tag

Gefolgt
Von neuem
Morgen

5.4.08

Hexen tanzen
Auf diesem Berg
Suchen das Gesicht
Unserer Zeit
Daneben steht einer am Grill
Und denkt
An die Frau
Und das Kind
Die er
Ernähren soll

5.5.08

Aufmerksam folgt sie den Kameraaugen
Dazwischen auch hält sie die Spannung hoch

Hinter ihr Bilder aus Cremona
Von Kirchen, Putten und Blumen

Ein Mann baut eine Geige
Und prüft ihren Klang

Ein Heiliger hebt den Zeigefinger empor

Leise plätschert die Stimme
Des Vortragenden in den Dämmer des Raums

Die Worte werden gefangen
Und zu Buchstabenbits.

Osama bin Laden

Welche Namen
Ich mir merken muß

Obama auch

Der nicht mehr
Im Irak kämpfen will
Mit
Seinen Kindersoldaten
Sondern in Afghanistan

Welch wunderbare Fügung
Dass es dort Bodenschätze gibt
Und
Das reiche Sibirien
Nicht fern davon liegt

Im 21. Jahrhundert
Soll ich wählen

Vorziehen den einen dem andern

22.7.

Rock Song

Ulysses von Joyce in der Tasche
Im Kopf ein Computerprogramm
So läufst und gehst du durch Gassen
In dieser und einer anderen Stadt
Chopins Klavier fällt aus dem Fenster
Zerschellt auf schimmerndem Stein
Übers Pflaster reiten Kosaken
Im Keller lauern Studenten auf ihre Nacht

Du erzählst mir von Hooligans
Und ihren Liedern
Und dass du gerne neben ihn stehst
Weil ihre Kämpfe dir besser gefallen
Als jedes Expertengespräch

Ulysses von Joyce in der Tasche
Im Kopf ein Computerprogramm
So läufst und gehst du durch Gassen
In dieser und einer anderen Stadt
Chopins Klavier fällt aus dem Fenster
Zerschellt auf schimmerndem Stein
Übers Pflaster reiten Kosaken
Im Keller lauern Studenten auf ihre Nacht

Wie ein hübsches Kleid trägst du die Revolte
Nimmst es nicht hin, dass Unrecht geschieht
hältst die Welt für Menschen geschaffen
Sprichst Worte
Da, wo es notwendig ist

Ulysses von Joyce in der Tasche
Im Kopf ein Computerprogramm
So läufst und gehst du durch Gassen
In dieser und einer anderen Stadt
Chopins Klavier fällt aus dem Fenster
Zerschellt auf schimmerndem Stein
Übers Pflaster reiten Kosaken
Im Keller lauern Studenten auf ihre Nacht

Du gehst entschlossen den Weg
Den du als richtig erkannt
und siehst den Pfennig dort in der Büchse
Den Blick,
der dankbar nach oben sich hebt

Ulysses von Joyce in der Tasche
Im Kopf ein Computerprogramm
So läufst und gehst du durch Gassen
In dieser und einer anderen Stadt
Chopins Klavier fällt aus dem Fenster
Zerschellt auf schimmerndem Stein
Übers Pflaster reiten Kosaken
Im Keller lauern Studenten auf ihre Nacht

Du grübelst nicht über die Banden
Siehst nur den einen, der bettelt und fragt
und schaust
mit glühendem Herzen
Auf die wartenden Frauen am Markt

Ulysses von Joyce in der Tasche
Im Kopf ein Computerprogramm
So läufst und gehst du durch Gassen
In dieser und einer anderen Stadt
Chopins Klavier fällt aus dem Fenster
Zerschellt auf schimmerndem Stein
Übers Pflaster reiten Kosaken
Im Keller lauern Studenten auf ihre Nacht

So viel haben wir alle vergessen
Du bringst es mir wieder zurück
Trägst weiter die Fackel
der Träume
Die wir verkauften als Tand

Ulysses von Joyce in der Tasche
Im Kopf ein Computerprogramm
So läufst und gehst du durch Gassen
In dieser und einer anderen Stadt
Chopins Klavier fällt aus dem Fenster
Zerschellt auf schimmerndem Stein
Übers Pflaster reiten Kosaken
Im Keller lauern Studenten auf ihre Nacht

Draußen singen die Spatzen
Klettert die Katze aufs Dach
Musik hängt leise im Zimmer
Und
die Scheibe klirrt schrill
Vom fernen Grollen der Welt

Ulysses von Joyce in der Tasche
Im Kopf ein Computerprogramm
So läufst und gehst du durch Gassen
In dieser und einer anderen Stadt
Chopins Klavier fällt aus dem Fenster
Zerschellt auf schimmerndem Stein
Übers Pflaster reiten Kosaken
Im Keller lauern Studenten auf ihre Nacht